The Productive Graduate Student Writer
How to Manage Your Time, Process, and Energy to Write Your Research Proposal, Thesis, and Dissertation and Get Published

带一本书去读研 2
研究生学术写作效率管理与能力提升

[美] 简·艾伦 —— 著
Jan Allen

姜昊骞 —— 译

金城出版社
GOLD WALL PRESS
·北京·

北京市版权局著作权合同登记号　图字：01-2024-3717
The Productive Graduate Student Writer: How to Manage Your Time, Process, and Energy to Write Your Research Proposal, Thesis, and Dissertation and Get Published By Jan Allen.
COPYRIGHT © 2019 Taylor & Francis Group.
Authorized translation from the English language edition published by Routledge, a member of the Taylor & Francis Group, LLC; All Rights Reserved.
本书原版由Taylor & Francis出版集团旗下Routledge出版公司出版，并经其翻译授权出版。版权所有，侵权必究。
本书贴有Taylor & Francis公司防伪标签，无标签者不得销售。

图书在版编目（CIP）数据

带一本书去读研. 2，研究生学术写作效率管理与能力提升 /（美）简·艾伦著；姜昊骞译. -- 北京：金城出版社有限公司, 2024.8. -- ISBN 978-7-5155-2646-1

I. H052

中国国家版本馆CIP数据核字第2024NX9230号

带一本书去读研2：研究生学术写作效率管理与能力提升

作　　者：	[美] 简·艾伦
译　　者：	姜昊骞
责任编辑：	张超峰
责任校对：	刘　磊
特约编辑：	周陈奕晖　吕梦阳
特约策划：	领学东方
开　　本：	880mm×1230mm　1/32
印　　张：	8.5
印　　刷：	天津光之彩印刷有限公司
字　　数：	140千字
版　　次：	2024年8月第1版
印　　次：	2024年8月第1次印刷
书　　号：	ISBN 978-7-5155-2646-1
定　　价：	58.00元

出版发行：**金城出版社有限公司**　北京市朝阳区利泽东二路3号
邮编：100102
发 行 部：（010）84254364
编 辑 部：（010）61842989
总 编 室：（010）64228516
网　　址：http://www.baomi.org.cn
电子邮箱：jinchengchuban@163.com
法律顾问：北京植德律师事务所　18911105819

代序

学生要写东西。历史学的学生要写,文学的学生要写,这似乎显而易见。心理学的学生要写,教育学的学生要写,社会学的学生要写……这还没完,化学的学生要写,地理学的学生要写,神经科学的学生要写,工科的学生也要写。所有学生都要写。学生必须写毕业论文——有的是单独一整篇,有的是多篇文章的合集。毕业论文总是要写出来的。

可惜,没有几个研究生在刚入学的时候就养成了良好的写作习惯,反而要自己摸索,往往还会依赖本科时期的写作策略:突击、拖延、陷入完美主义的泥潭。

但这些策略并不适用于博士阶段的写作。那要怎么办呢?摆脱旧习惯,培养新习惯。当然,说起来容易,做起来难。万幸的是,有人伸出了援手。本书将帮助你踏上正确的道路。

写作，尤其是研究生写作，有一个悖论。写作看上去是单打独斗，但其实合作的效果会更好。我觉得用击剑来比喻最恰当。我本科那会儿玩击剑，先别激动，我这方面天分不算高，虽然没拿过奖，但我以布朗大学男女混合击剑队队长的身份结束了我的大学生涯。(我想，我是第一个，可能也是唯一一个担任男子校队队长的女性。)

用击剑来比喻之所以贴切，是因为它既是一项团体运动，也是一项个人运动。每名选手都是独立参赛的，输赢都只在你与对手之间。写作同样是个人事业——你与资料，你与文稿，你与读者，你来我往，剑影交错。

但在我的本科竞技生涯中，最重要也最令我难忘的是团队的一面。我们不是选拔制，击剑社/校击剑队欢迎所有想加入的人，不要求有经验。据我回忆，许多队员特别缺乏运动细胞，但只要常来，就有上场的机会。

我们是集体训练，每天到体育馆见面、拉伸、热身、锻炼肌肉力量，在练习室的两端之间来回练习弓步。尽管专业不同，家乡不同，职业目标不同，但我们成了亲密的朋友。恋情盛放又凋零。在令人失望的失败后，我们会彼此打气。在比赛过程中，我们会坐在观众席上大声加油。这些共同经历将我们凝结成了一支队伍。

当我将写作理解为一种团体运动时，这些记忆就会浮上心头。写作衰败于孤立，兴旺于合作，研究生写作尤其如此。加入写作小组，建立写作社群，个体运动就会成为团体运动。

"把写作当成团体运动"这句话刻在了本书的DNA里面。本书的源头之一，就是简·艾伦（Jan Allen）于2006年创建的一个电子邮件列表，名为"假期写作"（Break Writing）。在秋季学期结束到次年1月开学之间的假期里，她每天都会群发一条鼓励性质的写作建议，也即收件箱里的动员讲话。她给所有决心在假期写作的研究生抛出了一条救生索，另一头连着一个社群。"你不是一个人。""你能行。""挑战在意料之中，克服有成熟之策。"她是一个分散的写作队的教练。

本书的另一个源头是毕业论文训练营。21世纪初，艾伦率先在哥伦比亚大学研究生中心开创写作训练营，之后又在康奈尔大学举办。她成了训练营的全国啦啦队队长。（我曾参与将训练营引入斯坦福大学的活动，我为此感到骄傲。）训练营是团体内个人写作的一个制度化范例。

当博士生写作变成一种团体运动的时候，与高水平、高产出写作相关的四个特点就会得到充分体现。

第一，按照时间表有规律地写作远胜于突击暴写。艾伦在第一章和第二章介绍了这一基本操作。写作有规律，产出字数多（这是有证据的）。我觉得，规律写作者的焦虑感也更低。定期动笔让写作变成了一项工作，而非随性而起的活动。体育队要集体训练，写作小组或写作搭档也有助于让写作变得规律。与他人合写会让自己有责任心。你不能搁笔去打扫厨房、烤布朗尼蛋糕，或者网购。有人盯着呢！

第二，正如艾伦在第五章中所说，设定目标对写作特别有帮助。在许多写作小组中，每个人每天一开始就要设定一个具体的写作目标。"我要写250个字。""我要写完文献综述的一部分。""我要修订上周一开始写的方法部分。"

第三，遇到困难的时候，队友会互相打气。要想在研究生院生存下来，从共同经历中孕育出来的同志情谊至关重要。写作小组里的每个人都能理解向导师递交章节或文章草稿时的焦虑；获得负面评价时的失望；还有面对几万字、几百页的稿子，心里却想着"写这玩意有什么用"时的绝望。队友会提醒你，你能行。他们扶持着你度过幽暗岁月——你也扶持着他们。

第四，写作搭档也可以充当陪练（还是以击剑为喻）。"这

代 序

块过渡难死我了。你能不能读读这几段，给我提点意见？""我要写大纲了，你能听我把论证逻辑给你讲一遍吗？""我想让导师给我提提意见。你能看看我给她写的邮件草稿吗？"对话会让你的作品更好，让你的思维更敏锐。

简·艾伦经历过这一切。几十年来，她用自己的智慧帮助研究生们表达自己想说的话，找到自己的写作节奏。本书浓缩了她的智慧，采取了方便理解的小节结构。你可以借助它来开启一天的写作，养成新的写作习惯。

克丽丝·M. 戈尔德（Chris M. Golde）

斯坦福大学

自序

本书的目标读者是研究生，以及其他想要提高产出的写作者，尤其针对以下人群。

- 想要更有干劲、更专注、更坚持地完成一个写作项目的人。
- 想要克服拖延和完美主义倾向的人。
- 想要减轻写作焦虑和恐惧心理（或者顶着焦虑和恐惧坚持写作）的人。
- 想要管理好时间、工作、精力（和导师），提高写作效率的人。

本书源于我与自己指导的研究生之间的多年交流。这种交流发展为工作坊的形式，最初是在我执教20年的田纳西大学，后来我到西北大学做研究生院副院长，就开办了周六全天的工作坊。但是，大部分提高写作效率的策略都来自我主持的毕业论文写作训练营。我最早是在哥伦比亚大学办训练营，我当时是主管博士项目的副院长（2005年至2012年）；现在是在康奈尔大学办，我是主管学术和学生事务的研究生院副院长（2012年至今）。我建议以实效方法为基础，这些方法对我，对我的同事，对我自己指导的研究生，现在还包括多所院校的数百名研究生都发挥了作用。本书给出的一部分建议最初是在每年12月至次年1月（2006年至2012年）名为"假期写作"的网络交流中分享的。这些帖子为假期设定写作目标的学生提供了建议。我在整个学年都会通过"高效作者"（Productive Writer）电子邮箱分享高效写作的策略和建议（每月订阅网址：gradschool.cornell.edu/policies/writing-support/），该项目由康奈尔大学研究生院主办。我收到了来自30多个国家、400多所研究生院的15 000多名订阅者提出的问题和建议。我在此表示感谢，也希望大家继续提问和评论。

希望本书能帮助你明确并培养那些对撰写任何重要文本，或完成任何重要目标都至关重要的技能，尤其是能引导你取得

自 序

学术成就和拿到学位的技能，比如面对干扰时坚持不懈，面对挑战时不屈不挠，面对挫折时坚定决心（还有等待导师反馈时有耐心）。

大多数人都没有写作的天赋。写作的基础是技能，而技能是可以被发现、学习、锻炼和完善的。我们可以通过写作和阅读，包括阅读非学术书籍和文章，尤其是文笔出色的散文，来实现这一目标。本书聚焦于写作过程。你是哪一种写作者？什么方法对现在的你有效果？面临的难点是什么？挑战和障碍有哪些？哪些是内在的？哪些是外在的？哪些是你能掌控的？怎样才能让你更专注，更坚持，更有干劲，成为一名效率更高的写作者？通过审视自己的写作过程，你会明确自己的长处，以及在哪些方面可以使用更多的写作策略，成为更高效、更多产的写作者。一旦做到了这一点，你可能就会比现在更喜欢写作。你甚至可能会盼着写作时间的到来，因为它已经成为日程的一部分，并带来更多更好的写作成果。这是可能做到的，神奇吧？

本书中介绍了许多写作效率提升策略，你可以每天或者每周阅读一条，但不要在规定的写作时间里读。写作不是读文献，不是做实验，也不是到书架上找书，或者到网上查文章。

写作不是削铅笔（这是我的爱好）、收拾笔、给笔记加颜色标记、采购炫酷的文件夹（这是我的另一个爱好），或者整理厨柜，不是这些拖延策略。写作是产出新的词句、新的段落、新的页数，并持续进行修改和编辑。

如果你觉得书中介绍的一种策略提升了你的生产力、专注度、干劲或耐性，那就把它培养成习惯吧。尝试两周时间，把产出提升效果画在一张表上，作为新策略的成果。它会成为你写作和提升生产力的工具的一部分。

第 一 章	天天写作	001
第 二 章	制订写作计划	009
第 三 章	写作要趁早	013
第 四 章	写出差劲的初稿	019
第 五 章	设定写作目标	023
第 六 章	进度表	027
第 七 章	准备写作	031
第 八 章	起床前写作（你说什么？）	041
第 九 章	带着截止时间写作	047
第 十 章	写提纲，用提纲	051
第十一章	蓄水	055
第十二章	避开分心之物	059
第十三章	前瞻思考，倒推计划	063
第十四章	进入心流	067
第十五章	不要暴写	071

第 十 六 章	克服完美主义倾向	075
第 十 七 章	停止拖延——从现在开始	081
第 十 八 章	保持动力	085
第 十 九 章	写作的最后5分钟	093
第 二 十 章	写作环境	097
第二十一章	卡壳了?	103
第二十二章	修改与编辑	111
第二十三章	时间管理	121
第二十四章	精力管理	127
第二十五章	导师管理	131
第二十六章	练习写作	137
第二十七章	写作互助组	141
第二十八章	负责任地写作	151
第二十九章	研究生奖学金申请书	155
第 三 十 章	撰写课题申请书	165
第三十一章	撰写研究计划	171
第三十二章	撰写硕士毕业论文	179
第三十三章	撰写博士毕业论文	187
第三十四章	撰写期刊文章	195
第三十五章	给编辑或代理人写图书提案	207
第三十六章	写作者的思维与行为方式	217

附　录 221

附录 A　写作口号 221

附录 B　写作目标与日志 221

附录 C　字数统计进度表 223

附录 D　硕博毕业论文研究计划（或概览）的20个步骤 223

附录 E　前瞻思考，倒推计划 228

附录 F　我的下一个写作项目的时间表样例 229

附录 G　高效写作的障碍 231

附录 H　克服写作障碍 232

附录 I　研究计划与硕博论文进度沟通会日程 235

附录 J　同学间的评审与批评 238

附录 K　巧克力脆片蛋糕食谱 240

附录 L　写作建议与策略 241

附录 M　学术写作资料 243

参考文献 249

致　谢 255

第一章
天天写作

你必须每天都写作。
——雷·布拉德伯里（Ray Bradbury）

这条策略适用于**每个人**：天天动笔，写点东西，每一天都要写。

我知道，说起来容易做起来难，对吧？这里会告诉你如何做到，以及这样做为什么会让你效率更高。

每天至少坚持写90分钟。为什么是90分钟呢？这大约是一个人身体和精神的坚持极限，然后就需要休息了（Ericsson & Pool，2016）。写90分钟，其间不要离开椅子。我说真的。在每天的90分钟写作时间里不要中途休息，不要中断写作，尤其是不能查看邮箱或者社交网站。我保证，你能挺得住。

刚开始鼓励我指导的研究生天天写作时，我的建议是每天至少写15分钟。这种方法压力小，可以缓解启动的焦虑和恐惧心理。一旦学生开始动笔，就没那么焦虑了，他们几乎每天都连续写15分钟以上。后来我觉得15分钟好像太短了，于是开始要求我的学生每天至少拿出90分钟专门用于写作。

每天写作90分钟，坚持两周时间。对大多数人来说，这足以让写作成为习惯。如果你这样做了，你就会发现自己的写作效率大大提高。从今天开始，动笔前看一下"字数统计"，写完了再看一遍，Word自带这个功能。我发现我已经写了258个单词，写这段话用了16分钟。（我得提速了，这才是初稿呢。）你也试试吧。

写作效率与聪明、创意或者天赋不相关。

拉尔夫·凯斯（Ralph Keyes）提醒我们，事情就是这么简单：坐下来写，日复一日地写。不要灵感，要勤奋。一个"可怜"的作者说："我对灵感一无所知，因为我不知道灵感是什么样的。我听说过，但没见过。"（Keyes，2003，第49至50页）如果你真觉得他可怜，省省吧。这个人可是威廉·福克纳（William Faulkner）。

你可能会问：如果要坚持每天写作至少14天，那过节怎么办？病得没法写怎么办？忙到24小时里面连90分钟也抽不出来怎么办？那样的话，你必须每天至少写15分钟。不管你多忙、多累、病得多沉重，都要拿出15分钟写作。这很重要，原因有以下几点。

- 对一些人来说，写作最难的就是启动。我们新手会拖延几分钟、几个钟头，甚至几天。拖延症患者表示自己会拖延几周乃至几年，其中包括一些最出色、最高产的专业作家，你可能还听说过他们的名字。我们拖延，是因为我们害怕没有东西可写，我们害怕写出来的东西差劲，我们害怕无法承受写出优秀文字必经的真切痛苦。只有当再不动笔就要失去的东西——奖学金、学位、出书合同、工作——比动笔的痛苦还要真切时，我们才会开始写。我知道有教授因为指导的研究生在写论文阶段进展不力，所以辞去了导师岗位。很少有导师会在课程作业阶段辞职，辞职都是在写论文的时候。你要明白，拖着不写会让你失去导师，那也是痛苦的。

- 一旦启动，就迈过了最大的坎。据我所知，凡是给自己设定15分钟写作目标的人，都是写了30分钟或60分钟都不愿意停笔的。秘诀就是，你告诉自己必须写15分钟，只写15分钟，这么点时间你一定能忍得下来。一旦你开始写了,焦虑就会逐渐消散,而你写的时间也就会大大延长。

- 90分钟内要将生产力最大化。佛罗里达州立大学的安德斯·埃里克森(Anders Ericsson)及其同事在研究中发现,连续练习90分钟的表演者表现最成功(Ericsson & Pool, 2016)。一天内安排多个写作时段,每段90分钟,穿插恢复活力的休息活动(锻炼、冥想或小睡,不要咖啡因或糖),这样做的效率最高(Ericsson & Pool, 2016)。

- 每天写作有利于你保持思维的连续性,并产生需要写下来的想法。每天写作的时候,你的思维运作方式都会不一样。我们每天都会**思考**自己的文章,但把想法落到笔头的认知过程不同于单纯思考你的研究课题。你在写作的时候,哪怕是写出糟糕透顶的初稿时,你的想法都在进阶,你的项目也在推进。

基于塔尔萨大学的一个教师写作支持项目,詹森将天天动笔的方法形容为"与你的文字进行高频率、低压力的接触"(Jensen, 2017, 第xi页)。这个方法不是很好吗?高频率、低压力。每天写作，把它作为日程的一部分，这样就能减轻你在长期逃避和拖延之后重新动笔时产生的挫败和焦虑情绪。

拉蒙特（Lamott，1994）给出了如下建议：在你的电脑旁边放一个1英寸①×1英寸大小的画框，然后每天用字把它填满。我保证，这个方法能助你写完硕博论文。（如果画框尺寸是8英寸×12英寸，那么你会更快写完。）但你必须每天写，画框能起到提醒的作用。辛格尔顿提出了一条类似的建议，"在桌上摆一罐 WD-40②——远离明火——提醒你自己：一天不写就生锈"（Singleton，2008，第59页）。在康奈尔大学毕业论文写作训练营里，学生们会选择一句专注口号，比如"成功、坚持、心流"或者"我们能行"，贴在自己的电脑上面，提醒自己不要分心，凝聚心神，继续写作。也有人写任务说明（例如，"今日写，日日写，按时写完毕业论文"），然后贴在附近的一面墙上。本书每一章开头都有关于写作的题记，也许其中某一句能对你起到激励和提醒的作用。你也可以选一张图片、一个物件或一句话来激励自己，

---

① 1英寸约为2.54厘米。——编者注
② 一种具有除锈功能的金属养护剂。——编者注

集中精力，专心努力。如果你愿意的话，不妨借鉴康奈尔大学毕业论文写作训练营里的口号（见附录A）：起床。动笔。绽放光芒。锻炼。吃饭。休息。再来一遍。

或许还有一招能让你动起来。史蒂芬·金（Stephen King）的儿子乔·希尔（Joe Hill）是一位成功的小说家。他从11岁时开始每天写作2小时，"周末和节假日也不例外"（Dominus，2013，第32段）。学一学11岁男孩，每天写作吧，没有例外。

在接下来的两周时间里，坚持每天写作。如果哪一天没有电脑，那就用纸笔。但每天都要写。如果你**从没有**启动困难症；如果你**从没有**拖延写作，直到落后进度好几天、好几周（或者陷入绝望）；如果你**从没有**坐在电脑前面好几个钟头，却没写出多少能拿得出手的东西，那你就不需要这条策略。但如果你今天还没写到90分钟，那就**马上开始**吧。你能行！

第二章
制订写作计划

我开画一张，就要画完一张。
　　　　　　　——尚-米榭·巴斯奇亚（Jean-Michel Basquiat）

我开写一页，就要写完一页。
　　　　　　　——你自己

我在前一章里鼓励你每天至少写作90分钟。雷打不动，90分钟。

还有一件事能够帮助你：制订写作计划。把计划标记在日历上，让它成为一项责任，为了你自己，为了你的成功。这项任务的重要性和严肃性不亚于参加研究生研讨会、给学生上课或者与导师见面。

如果你在日历上规定好一项任务的时间安排，然后坚持执行，那么你就更有可能完成这项任务。当你的计划里包括了你必须要做的所有事，或至少是优先事项时，你就不太可能说自己时间不够，来不及完成了。

试试吧。你可能觉得这像是对自己进行微观管理，但这有助于你做到以下几点。

- 优先完成最本质、最重要的任务,比方说,能帮助你完成手稿、获得学位、找到工作、保持健康、维护重要人际关系的任务。
- 更现实地把握做每件事——定纲要,起草稿,再修订——实际需要的时间。作为一名教师,我会给我指导的学生提一个要求:刚开始写毕业论文的时候,就把完成论文需要的时间写下来。我会把他们的书面时间估算收好,等学生拿到学位时还给他们。实际时间至少是估算的两倍。不管是一厢情愿还是估算水平有限,写作都会消耗比较长的时间,因为我们很难预料到新问题、新方向或者新研究,必须动笔了以后才能发现。

要坚持执行写作计划和时间安排,至少在**你能掌控**的方面。我指导的研究生们常常误判完成毕业论文所需的时间,哪怕他们坚持执行计划和遵守自己定的截止日期,还是有许多身不由己的因素,比如获得伦理审查委员会批准进行人类研究的时间长度、寻找研究参与者和开展访谈的延误、实验没有按计划进行、教师没有及时提供反馈意见(咳咳)。控制你能控制的事，但在做计划的时候，要留出足够的时间去解决你控制不了的障碍和延误。

因此，除了今天写作90分钟以外，你还要在日历上安排好未来两周的90分钟写作时段。只要有了计划，不论是写作、做实验、阅读、锻炼还是睡觉，你把事情做成的可能性都会高得多。

另一个能帮助你找时间写作的策略是逆向计划。拿出整整一周时间，记录你每天的实际日程，也就是你事实上做了什么，而不是你计划做什么。你很可能知道自己最频繁、最喜欢的浪费时间的活动是什么，但通过记录实际日程，你会发现自己一周实际花在这上面的时间常常让你大吃一惊。我以为非必要活动能帮助我缓解压力，结果却意识到，有更多时间写作才是最好的减压方式。想想看吧。

试着整理一份你实际花费时间的时间表，它能帮助你找到更多用于写作和其他优先事项的时间。你今天写够90分钟了吗？快去写！

第三章
写作要趁早

> 如果一个人在10点前还没有完成全天工作量的一半,那另一半也可能完不成。
>
> ——艾米丽·勃朗特(Emily Brontë)

> 上午的一个小时顶得上晚上的两个小时。
>
> ——谚语,作者不详

安排给写作的时间要尽量早,这样就更有可能做到天天动笔。为什么呢?

你在早晨更不容易受到打扰。一天里总会有其他意料之外的情况蹦出来,如果你知道自己已经完成写作,负罪感和焦虑感就会减轻。完成今天的写作计划后,如果你发现下午或晚上还有时间,那可以多写。但如果你等到下午或晚上才开始写,那一天就几乎不可能安排多个写作时段了。要将每一点多余时间当作"lagniappe"。这是路易斯安那州流传的一个法语词,意思是"饶头"(额外的一点)。马克·吐温将"lagniappe"描述为"一个值得去一趟新奥尔良获取的词"(Mark Twain,1883,第361页)。

如果有一天你没有时间写作,那就在你正常开工时间之前安排一两个小时动笔,这样就不会为另寻写作时间而担忧了。哪怕你是个夜猫子，如果你安排每天早晨起来第一件事就是写作的话，那么天天动笔——而且每天写够时间——的概率也会提高。

如果你在清晨写作的话，你就不太可能在动笔之前还要关心其他（无穷无尽）占用时间的事情。有一个策略能帮助你在清晨预定的写作时间里专心写作，那就是把当天必须要做的所有事情都列出来。如果写作期间来了一项需要你分心处理的紧急任务，把它加到列表上，然后马上继续写。不要为了发邮件、付账单或查找引用资料而中断写作。只需要将其加到列表上，然后继续写。（第十二章会给出其他避免和管理分心的方法。）

艾伦的《搞定Ⅱ：提升工作与生活效率的52项原则》（*Ready for Anything: 52 Productivity Principles for Getting Things Done*）的主题是提高生产力的建议，书中强调了这种以书面形式而不是在心里列出清单对写作的重要意义。他指出，我们内心的"随机访问存储器"效率很低，"你的头脑大概并不是最适合存储可靠信息的地方"（Allen，2003，第27页）。内心列表会带来对立冲突的"无限循环"，拖慢你的进度，而且"一旦你没有（立即）完成任何一项任务，你的头脑就会索取心理能量,直到事情解决为止"(Allen,2003,第27页)。因此,如果在你写作过程中出现了一个需要之后完成的分心念头,那就把它加到列表上,不要再想它,直到你规定的写作时间结束。

最后,如果你不是特别喜欢写作,那么当你在一天的其余时间里都可以去做别的事,第二天才需要再动笔时,你会大大地松一口气。在最近的一期康奈尔大学毕业论文写作训练营中,有一位学生惊讶地说:

> 我简直不敢相信,在早晨完成写作之后,我在一天接下来的时间里是多么快乐。我以前一整天心里都在想有没有时间写作,我都没有意识到当时的自己是多么担惊受怕。我现在上午写作,快乐多了,也平静多了。

泽鲁巴维尔说道:"你要学会找到最佳的写作时间,就像你优化其他写作条件一样。"(Zerubavel,1999,第21页)詹森提出了ABC策略,即按照你自己的精力来匹配写作时间。A级时间是你最有活力的时间,B级任务要求"敏锐专注，但不需要你最有创造力"（Jensen，2017，第32页），C级任务更机械。写作要用 A 级时间。阅读、编辑、准备发言稿、写作业用 B 级时间。回邮件是一种"诱人的能量排水口"（Jensen，2017，第36页）要排到 C 级时间。不管是出于好奇心还是责任心，每天早晨第一件事就是回邮件的诱惑对你有多大？写作应该摆到优先位置，占据你精力最旺盛的时间。对大多数写作者来说，A 级时间通常都是上午。

施瓦茨讲述了他运用这条策略的成果。他写了三本书，每本都用了一年时间，每天写10个小时。写之后的两本书时，"（施瓦茨）早晨起来第一件事就是用三个连续时段写作，每段90分钟，那是我精力最旺盛的时候"（Schwartz，2013，第18段）。通过上午写作的方式，他每天的写作时间从10小时压缩到了4.5个小时，每本书不到6个月就完成了。

哪怕你不是爱早起的人，上午写作也是有效的。我是说真的。我亲身认识很多一开始抱怀疑态度，后来改变习惯的研究生。请尝试一周。上午写作适用于所有类型的写作者，尤其是在最忙碌的日子里，尤其是拖延症患者。（我们知道自己是什么人。）

你今天写了吗？

第四章
写出差劲的初稿

> 写作没什么好说的。你只需要坐到打字机前,呕心沥血。
>
> ——欧内斯特·海明威(Ernest Hemingway)

我希望你已经每天至少写了90分钟,我还希望你目前已经有了一份非常差劲的初稿。如果还没有的话,我们就要开始真的讨厌你了。拉莫特写道:

> 我认识一些很棒的作家。……没有一个人是初稿就写得很好的人。好吧,有一个人,但我们不太喜欢她。我们不觉得……上帝垂爱她,或者能受得了她。(Lamott,1994,第21页)

拉莫特又说,她的朋友,耶稣会士汤姆告诫她:"当你发现上帝和你一样痛恨别人时,你就可以放心地认为你按照自己的形象创造了上帝。"(Lamott,1994,第21至22页)

写作的一大障碍是,害怕自己写出来的东西差劲。这是一种常见的恐惧。哪怕是成功的高产作家回忆写作历程的时候，也会讲述自己经历的焦虑与恐慌。他们会拖延，会考虑转行，做一份压力没那么大的工作，比如航空管制员，或者脑外科医生，又或者是美利坚合众国总统。

凯斯用"坐在三条腿的凳子上写稿子"来形容这种恐惧（Keyes，2003，第14页）。你会常常感到焦虑（anxiety）、挫败（frustration）、绝望（despair），或者说你会患上包含上述种种症状的"AFD综合征"。凯斯安慰道，焦虑是正常现象，事实上，"写得越好，作者就越焦虑"（Keyes，2003，第18页）。用你的焦虑来鼓励自己，而不是让自己泄气。我常常告诉自己："我对动笔感到焦虑。这意味着我做好动笔的准备了。"

如果这样对你开始写作有帮助的话，不妨将写作理解为写出优秀稿件必不可少的第一步。这只是预写。你必须先写出来，然后才能修订编辑，得到你想要的稿子。尤其是对于我们这些必须努力控制完美主义倾向的人来说，把这当作你今天的目标会有所帮助：写出一份差劲的初稿。

我们中的许多人发现，编辑比写作更容易，也没那么痛苦。如果你的编辑能力比写作能力强的话，那么请不要再追求完美了。拉莫特说过："就先写到纸上，因为这6页疯言疯语（不完美的初稿）里可能有一些了不起的东西，你通过更理性……的手段永远都无法写出。"（Lamott，1994，第23页）拉莫特安慰我们说，你在修订时可能会发现，你真正需要写的东西直到第6页才出现，前5页都要删掉，但你现在总算知道了自己该写什么，以及你要走哪条路才能达到目的。

顺便一说，我在本书各处都会引用拉莫特和其他作者的话，最后也会推荐一些优秀资料，为你的写作和编辑提供助力。但请注意：阅读写作辅导资料不能算在90分钟的写作时间内。整理桌面不算写作；阅读、录入和编辑笔记不算写作；就连一边刷盘子，一边打腹稿也不算写作。写作是要手指敲击键盘，或者笔落在纸上，要有产出，哪怕产出的初稿质量很差。

我昨天晚上很晚才坐下来，只有15分钟时间写作。等我写完看表的时候，90分钟已经过去了。你今天写满90分钟了吗？

第五章
设定写作目标

写作就像深夜在浓雾里开车。你只能看到前灯照射到的范围,但你可以一路与灯光相伴。

——E. L. 多克托罗(E. L. Doctorow)

你现在每天都动笔吗？你有没有发现，每日写作时段让你的生产力大大提高了呢？这里有一条策略能让你更加高产：为每个写作时段设定写作目标。

你有多少次坐在电脑前，目标是撰写毕业论文，或者起草初稿，或者写会议论文？目标模糊就难以成功，你很容易写了10分钟就停下，因为你似乎远远达不到那个目标。

要为每个写作时段制订一个具体目标。不管是90分钟还是15分钟，都要把你想做的事写到一个工作表里，或者写在便签上，然后贴到笔记本电脑上面。从早晨7点开始的90分钟里要写1 000个字的新内容。早餐后的30分钟写完第一章的导言。坐公交车时拿出5分钟列出第三章的节标题。坐火车时拿出30分钟插入第三章的小节标题和主旨句。用走路上课的5分钟给奖学金申请书构思出一个有力的开头。

你的目标应当具体、可度量，而且可以在你规定的时间内完成。你会熟练地知道自己在一个小时里能写多少内容，以及能不能加快步伐，在可用时间里写出更多东西。

我已经发现，适合我的每日目标是单倍行距写4页。如果一个小时就达标了，那么我就可以不写了。（但我通常会继续写。）如果我在分配的时间内没写够4页，我就会在当天找时间再来一个写作时段。一天4页真的能积少成多，对我们这些拖延症患者来说，这样的产出特别了不起。

设定目标还有助于你保持专注，将精力集中到写作上。跑题或者分心了？看看笔记本电脑上的便签，提醒自己，达不到目标就不能停笔。便签相当于你当天的任务说明。

设定目标能让你对自己和他人负责，比如写作搭档、配偶或同事。给朋友发这样一封电子邮件："我今天上午9点要开始写作，时间是1个小时，计划给第三章添加500字的内容。"任务完成后，再发一封邮件报告你的成果。

写作是一个过程，需要你评估哪些写作和管理策略能让你更有生产力，更能出成果。设定目标能帮助你进行评估，让你的反思更加精准，让你了解作为写作者的自己，并推进你的项目。

在康奈尔大学毕业论文写作训练营，我们每天都要设定目标，并思考达成这个目标需要的写作过程、策略和资源。附录 B 中包含了我们使用的目标和日志样例。一些学生把它当作日记来用，还有一些人称之为仪式，是每个写作时段开始前要做的事。

你可以设定自己的写前仪式。需要说明的是，这不是让你拖延。它必须是一种能让你更加高效写作的准备活动。仪式可以很简单，比如，做几个深呼吸，同时想象自己没有写作焦虑。也可以是给自己打气，"今天的我，无所畏惧"，或者"只要动笔，我就能克服焦虑"，或者只是一句"我是写作者，我要写"。

你今天的写作目标是什么？目标可以是"写出一篇糟糕透顶的初稿"！我们都能做得到！

第六章

进度表

> 明天可能很糟糕,但今天是个动笔的好日子,而在动笔的好日子里,其他一切都不重要。
>
> ——尼尔·盖曼〔Neil Gaiman〕

"进度表"对大部分人都有效,我一直为此感到惊讶。把每天新写的字数记录下来,用来衡量你的写作生产力。这对竞争心很强的人(嗯哼)尤其好用。

通过进度表,你可以对策略和环境进行评估,甚至可以评估你在一天里的什么时间段生产力更高。席尔瓦有一本书的书名起得很好,"怎样才能写得多"(*How to Write a Lot*,中文版叫作《文思泉涌》)(Silvia,2007)。他建议在电子表格里记录自己每天写了多少字。他办公室的门上贴着本周字数表,所有路过的人都可以监督他,看到他哪一天或者哪一周犯懒。

在去年夏天的康奈尔大学毕业论文写作训练营里,有一名学生因为生病,所以头两天没来。我问她周三周四能不能来,她的回答是:"我不来了,我已经开始做你上周布置的字数统计作业了,那似乎就够用了。我从来没有这么能写过!我每天都争取比前一天多写一点。这招很灵的!"
〔D. 哈克特(D. Hackett),私人交流,2017年8月16日〕

我觉得这是一段好的"证词"。试一试用进度表记录字数成果,这能帮助你判断什么做法能让自己效率更高。附录C展示了我们在毕业论文写作训练营里使用的进度表。

这里还有一条策略适用于争强好胜的人:尽量每天都比前一天更早开始写作时段。如果我星期六克服了自己的拖延倾向,早上9点就开始写作,那星期天就试试8点,星期一7点,依此类推。有的时候,我只比前一天的纪录早了15分钟。我的早起竞赛到5点为止,那是我能强迫自己动笔的极限。我的朋友,以前在哥伦比亚大学的同事史蒂夫·明茨(Steve Mintz)每天早晨5点开始写。凭借这条策略,他已经撰写和编辑了15本书。(我觉得自己像个懒蛋。)

你今天写了吗?写了多少字?比昨天多吗?你能行。

第七章
准备写作

> 写,重写。不写也不重写,那就读。据我所知,别无捷径。
>
> ——拉里·L. 金(Larry L. King)

你在写吗,还是准备要写?我们把话说明白。这两个都是把稿子写完的重要步骤。两者可以重叠或交替,但如果因为想要确定自己有没有做好动笔的准备而耽误了你的进度,或者给你持续写作和保持生产力造成了障碍,那不妨来看本章中给出的策略,它们能让你更有效率。

你做好开始写的准备了吗?如果你在写研究计划或申请报告,那你的研究问题、课题或假说有了吗?动笔吧。你在这一步遇到的困难可能表明,你的课题还不够清晰或具体。写作会帮助你发现这些短板,让你更有逻辑、更完善地描述自己的研究课题、问题或假说。当你进入下一步,撰写文献综述的时候,首先列出你的综述必须解决的问题,或必须涵盖的话题。根据这个列表,写出一页纸的概要。你的知识短板在哪里?你需要进一步阅读哪些话题的资料?借此来

第七章 准备写作

指导后续阅读。对"研究方法"这一节采取同样的操作。写一份简短的草稿或概要。你的研究计划还有哪些漏洞需要与导师再讨论一次？你是否需要阅读期刊论文的方法部分？如果是，那么安排好一个小时去读，然后接着写。对一些人来说，写一个小时，读一个小时，再写一个小时，再读一个小时的方法对进度有利。

你在写硕博毕业论文、期刊论文或者书稿吗？你做完实验，读完文献、档案，或做完实地调查了吗？如果做完了就开始写吧。写作过程有助于你发现实验、分析或阅读中的漏洞，或者让你"重返"档案馆或实地。通过交替或重叠进行这些过程，你能够确定这两个基本要素的下一步，从而推进你的工作。

另一种准备策略是阅读其他本专业论文，包括之前提交导师的论文，以此作为指导，了解本专业和研究生委员会可以接受的论文内容。在康奈尔大学的毕业论文写作训练营中，有一位博士生反映，她天天都随身带着导师写的200页博士论文。我问她，她觉得导师的博士论文是最优秀的典范吗？她答道："没关系。我的导师觉得是，只有她说了算！"

［O. 麦克丹尼尔（O. McDaniel），私人交流，2017年8月17日］

不管你是把文献当作模板还是护身符，灵感来源还是实用指南，你在读他人范例时都要小心一点，不要对其他人的文字亦步亦趋，压抑你自己的声音和原创性。也不要抄袭，也就是不要盗用他人的文字和想法，不管他人写得有多好。（更多有关写作伦理的内容见第二十八章。）

如果你在同时写多篇文章呢？我的一名教师同事告诫他的学生，不要同时写好几篇文章，要专心写毕业论文。但如果你在写毕业论文的同时还要写会议论文，写奖学金申请，写求职材料呢？有的时候，你实在不可能仅仅专注于一篇文章。事实上，我刚入职的时候提倡手里有多篇在发表流程不同阶段的文章：我在写一份新课题申请书的同时开始为另一个项目收集数据，同时将之前的研究项目写成一篇或多篇文章。这种多个项目交错推进，而非同时只做一个项目的模式对写作者规律、高频发表文章至关重要。我作为助理教授为终身教职做准备的时候，系里的要求是每年提交两篇文章，发表一篇文章，每三年至少申请一个课题。因此，我们新进教师手里有多个研究项目，分别处于从立项到结项的各个阶段。不然的话，研究资金到位要一到三年，收集和分析数据要一到两年，写报告要几个月，外加一年左右的同行评审、修改和发表,一个项目从立项到结项至少要三年,最多要六年。算算吧,一个项目结束再做下一个是拿不到终身教职,升不了职称的。

大多数追求终身教职或升职称的新进教师都必须有多个交错进行的项目,这有点像许多研究生的经历,一边做科研,一边写文章,一边申请奖学金,一边做求职材料,每一项都需要全神贯注。以下是我管理和持续推动多个写作项目的方式。在动笔前很久,我就给一个箱子(我用的是塑料文件箱,但纸箱也行)贴上标签,写着研究主题或课题名称。我现在有一个箱子装着关于孩子和压力的资料,一个"前瞻"箱(Head Start Box,存放与当前写作项目无关的灵感与资料),一个箱子装着你正在读的这本书的相关材料。当我发现与我的稿子有关的书、文章或剪报时,我就会把它放进箱子里。当我在纸上随手记下灵感、相关故事或例子时(我不用电子笔记),我就把它丢进箱子里。在动笔前一个月左右,我会开始给文件夹贴标签,按照主题和用途来整理材料:"序言""文献综述""方法""导语""第一章:当代社会中的儿童""第二章:儿童对压力事件的认知理解""第三章:儿童对压力源的心理反应"等。如果我不知道一个点子、一句引言或一篇论文应该放到哪一章节的文件夹里,我就会按照资料类型来标记,比如,"引言""报刊文章(与我的主题相关的媒体报道)""其他素材""杂项"。此外,还有一个文件夹是"待分类"(与我到当前项目阶段都在采用的"归盒"模式相比,这种做法看起来要更整洁)。

当我开始写的时候,我发现自己还可以更有条理。通过细化和增加各个写作阶段的文件夹标签,我找东西更快了,我把更多的时间用来高效写作,而不是搜寻资料。例如,我给每一版稿子都安排了一个文件夹。有一个文件夹的标签是"修订,待录入",里面的内容是我晚上关闭电脑后随便读改几页,但又想多做一点工作时写的东西,或者我在身边没有电脑时做的修改。我会把这些文件夹都留着,直到项目完成,也就是文章或者书发表为止。

保持文件有序是有益的,尤其是在发表后有任何疑虑或问题的情况下。我现在还存着25年前一个项目的各版文稿,因为有一位合著者开始质疑作者署名和版权分配是否公平。初稿是手写的,这些纸质稿清楚地表明哪些内容都是谁写的(但不要把所有的纸质稿都保留25年,那样有消防隐患)。当我认为一章或整篇文章已经完成时,就会"过分匆忙且

第七章　准备写作

无序"（undue haste and disorder，这是《韦氏大词典》里对helter-skelter 的精确定义，后者相当于"乱七八糟"。我本来准备用这个词，但后来还是决定换掉）地把东西丢进一个箱子里，结果到了制作阶段却发现，假如我在付印阶段保持文件有序的话，那想查找一处参考文献或引文的效率可就高得多了。

既然你现在已经完全或充分整理好相关资料，那就安排写作时间吧。如果你有多个项目要做，我建议你每天每篇都写一点。重大项目必须保持推进。不要手里有四个项目，就一个月四周，每周做一个项目。那样项目之间的间隔时间就太久了。如果你不能每天给一个项目投入一个小时，那就两天一轮换。你会发现，先用60到90分钟做一个项目，再做另一个项目有恢复活力的效果。当你没有为了一个项目而忽略另一个项目的时候，你会对自己的生产力感到更加满意。

在准备和开始写作时，你还可以采取一种策略，那就是格式表或格式说明。表中要列出全篇必须保持统一的项目，比如标题、行距、引用格式等。你记不住、每次遇到都要查的内容也可以加进去。本书格式表的功能是保证章标题和题记保持对应，还有哪些章有相关附录（以及附录的页码），这样当调整章的次序时，我就能轻易调整相应附录的顺序和标签。我经常调整章的结构和次序，格式表不仅节省时间，也让文件更加整洁。凡是能让你更高效、更有生产力的东西，都可以加到格式说明里。大多数编辑会要求你的手稿不能带格式，因此要尽早和编辑沟通，确定对方偏爱哪一种标示方式，比如如何标示你想要突出的词语，而不要直接在手稿里用加粗或下划线。

米歇尔·考克斯（Michelle Cox）这样描述预备写作和写作：第一阶段是草创，你要读文献，做笔记，做实验，收集数据，分析数据，撰写大纲，完成初稿。你在这一阶段还要与导师和同侪讨论你的想法和成果。文献也可以包括"范本"，即主题或文本结构和你的文章类似的已发表著作，它为你提供了一套模板，帮助你阐发和梳理自己的想法。第二阶段是修改。你开始调整和修改初稿，并利用他人的反馈来修正概念和结构。第三阶段是编辑，你要检查用词、语法、拼写、标点等方面，润色自己的文章。考克斯说，高效写作要在上述阶段之间来回往复，但不要同时做这三件事。你写得越多，当你感觉文思枯竭，或者需要换一种方式推进项目的时候，你的行动协调度就越高（Cox, 2018）。

如果你还没有做这件事，那就去找一个文献管理软件，帮助你从头收集和检索文献。EndNote（endnote.com）、Mendeley（mendeley.com）和 Zotero（zotero.org）是三个常用的软件，你们学校的图书馆可能支持其中一种或多种，你可以免费线上阅览。学校可能还会提供工作坊和网络课程来帮助你起步。使用一款软件来管理你的文献资料，比如期刊文章、图书、PDF 文件和网站。你可以从在线数据库中导入引用资料，然后软件会自动插入格式正确的脚注、引文和参考文献条目，你可以任意选择格式，比如美国心理学会（APA）、《芝加哥手册》（*Chicago Manual of Style*）或美国现代语言协会（MLA）的格式。如果你已经开始用 Word 文档整理参考文献列表了，那么可以用 AnyStyle 将现有列表导入 Zotero，这是将参考文献列表整体导入多功能管理软件的最便捷方式之一。

在你准备动笔时，我还有一条建议：考虑受众。对毕业论文来说，你预设的读者是学位评定委员会的成员，但你思考和写作的眼界应当更宽广。理查德·布利特（Richard Bulliet）是哥伦比亚大学历史系的一名教授，他对自己带的博士生的要求是："你写的不是毕业论文，是书！"（R.

Bulliet，私人交流，2008年4月30日）他鼓励学生从更广受众的角度来考虑自己的学术成果。

无论是在会议上展示自己的研究成果，写期刊论文，还是写一本书，写作准备工作和写作本身都会因受众而异。你要参加学术会议，阅读本学科的期刊和专著，这有助于你针对不同的格式和受众进行规划和写作。在一些内容变化迅速的领域，尤其是计算机和信息科学，会议报告比发表成果更受重视。后者在印刷机上，或者在网上发表后不久就过时了。搞清楚在你的领域里什么最重要，做好写作规划，以便让你的研究成果以最快的速度、最恰当的格式传达给相关的受众。

附录D是我给自己学生的一张表，上面列出了硕博论文准备阶段的步骤和问题。不妨用它来帮助你开始构思、规划主题并开展写作。

第八章
起床前写作（你说什么？）

你半夜起来写的东西从来不用改。

——索尔·贝娄（Saul Bellow）

本章标题不是为了让你起床。事实上，读这篇的时候你可以多睡一会儿。

乍看起来，这句话是一个看似古怪的提高写作生产力的方法。但如果你早晨一睁开眼，不等完全清醒，或者连床都没下就开始写呢？抓起纸笔（不要用电脑或其他电子设备），让你的大脑，尤其是右脑帮助你写作，不借助分析性研究或批判性判断。

这条建议出自梅丽尔·马科（Merrill Markoe）的著作，她是一名散文家、剧作家、小说家和《大卫·莱特曼深夜秀》(*Late Night with David Letterman*)的前主笔。她发现，当她每天早晨第一件事就是写东西时，在喝咖啡、看报纸，尤其是上网之前，写东西的效率要高得多。她一个早晨最多能写15页，还说她正在学着"不痛恨写作"（Markoe，2014，第5段）。她认为，写作效率提高的原因是"带着睡意的大脑"（第10段）的"灵感奔逸"（第8段）。据她描述，在她完全清醒的时候，每当她动笔的时候，"无尽的负面……批判性的、专横的"声音就会造成焦虑，"这些声音很快会提醒我，我了解得太少了，还不能动笔，哪怕个人轶事都需要多年的艰苦研究"（第6段）。

她相信自己的右脑先醒来，可以让她在写作时免遭左脑的批判。人们常常认为，写作是一项需要逻辑、结构、分析和组织的任务，而这些依赖左脑。对马科来说，用带着睡意、富有创造力的右脑写作会成果更多，焦虑更少，限制生产力的批判性想法也会更少。

你要试试吗？我希望你每周至少尝试一个新策略。每遇到一个对你有效的办法，就让它形成习惯，持续运用它，提高你的生产力。

我们在康奈尔大学每周举办一个活动，名为"硕博同学们，到周五啦"，让研究生们走出实验室和图书馆，参加3小时的社交活动。活动中有一个化学系的博士生告诉我，他找到了一个激励自己坚持写作的新方法。他用手机上的秒表测量自己在分散注意力之前能坚持写多久。他最多能集中注意力9分钟,其间不想打断自己。这不是他的一个写作时段的时间,而是他的头脑开始失焦前的写作时间。接着,他会顶住诱惑,继续写作。[理查德·瓦尔罗特(Richard Walroth),私人交流,2017年4月14日](我现在就是这样。我又困又饿,而且我确信世界上肯定有某条重大新闻或推文是我应当上网检索的。我必须克服它,继续写。)他是一个好胜心强、成就高的人,这条策略激励他坚持一次写更长的时间,生产力也更高了。一周多后,理查德向我报告了近况。他的新个人纪录是17分钟,他17分钟后才开始分心。(R. Walroth,私人交流,2017年4月23日)试试再创新高吧!

纽波特提出了一条类似建议:把让你分心的东西"静音",以便你能"把目前思维水平下的最后一滴价值榨干,写到纸面上"(Newport,2016,第66页)。他建议把每天真实的专注写作时间做成表格。例如,每次专心写作15分钟就给自己打一个勾。然后试着延长专注而不分心的写作时段。

1月份的毕业论文写作训练营结束后,有一个学生说,她起床的时候遇上纽约州伊萨卡市暴风雪停电——正适合睡个回笼觉,但她决定动笔。她写了两个小时,直到笔记本没电。接着她拿起纸笔继续写,那是她有史以来产出最多的一天。其间，她一直没下床，裹在毯子里，等着电力恢复。但不管是因为那场美丽的雪（你可以自行替换形容词，我是路易斯安那州人，雪对我来说总是美的），还是因为有机会躺在床上写作一整天，这次改变都足以激励她更高效地写作。

选一种方法，并在今天写作的时候尝试打破你的个人纪录，那个好胜心强、成就高的人，就是你！

第九章
带着截止时间写作

> 我爱截止日期。我爱截止日期呼啸而过的噪声。
> ——道格拉斯·亚当斯(Douglas Adams)

你什么时候生产力最高?当我向同事提出这个问题时,最常见的回答是"马上要放假的时候""周末放假之前的几个钟头""出发去学术会议之前"。

为什么有人在这种时候效率最高呢?格罗佩说是因为截止日期(Groppel, 2000)。你必须赶在某个时间点之前出门,上火车,或者到机场。你也知道你在启程前的有限时间里必须做什么,头等要务是什么。

如果你每天都这样工作呢?如果你列出优先事项,然后给每一项设定截止日期呢?这样的短时间突击会让你更有效率吗?

尽管你可能觉得有些项目时间不限,但真正的开放式项目很少。写毕业论文,写书,写长达100页的合著章节,写30页的文章……我们知道一天之内完不成。如果我们有几个月，或者几年时间，那么何必急于一时呢？于是，我们写的时候就好像没有紧迫的截止日期一样。

在此强调：我不是建议你给自己制造超出现有水平的压力或焦虑。尽管有人说，他们在压力下干得更好，但压力和焦虑不会造就最好的文字。你可能会写出不错的文字，你可能也把活干完了，但对写作起促进作用的不是压力。如果没有压力和焦虑的话，你很可能会干得更好。当人们说压力带来动力时，他们实际的意思是，截止时间带来动力。

因此，设定每日目标时要自己定好截止时间："我今天结束工作前必须写500字。""我中午之前要写5页。""我在下一个小时里要写完第一章的第一节。"接着按照剩余的写作时间来确定节奏，达到自己的目标和截止时间。此法尤其适用于任何文本的初稿撰写。

相比于开放式的90分钟写作时段，每天带着目标和截止时间写作对你管用吗？这样做有助于减轻拖延症，避免过度写作或过度编辑，还有助于初稿或者终稿出炉。

你今天写了吗？

第十章

写提纲，用提纲

> 我写了提纲，浪费了很多张纸，摸索挣扎。
> ——居斯塔夫·福楼拜（Gustave Flaubert）
> ［撰写《包法利夫人》（*Madame Bovary*）期间］

我们上四年级的时候学了先列提纲，再写作文，是吧？等到了八年级，我们已经足够聪明，可以先写作文，然后根据作文内容写出完美贴合的提纲了。我说的没错吧？

我鼓励你重温中小学的课程，把提纲捡起来。原因如下。

- 提纲会帮助你快捷精当地记录自己的想法，效果比一页一页地讲述和论证这些想法好得多。
- 相比于调整 30 页手稿或 300 页毕业论文的结构，动笔前调整提纲结构要容易多了。
- 一旦你开始写了，提纲就会帮助你聚焦于你需要追踪的想法和思路，避免横生枝节。学生问我："我怎么才能知道何时应该停笔？"我的回答总是："你有

第十章 写提纲，用提纲

没有回答你在提纲里提出的所有问题，或者写到了提纲里的所有想法？"

用提纲与导师沟通，问导师："您觉得这样够全面吗，我有没有遗漏重要的议题？""我这么写的思路对吗？"有一个哥伦比亚大学的学生告诉我，她写过三篇毕业论文，结果导师一篇都不喜欢。我建议她在提纲阶段就争取导师的赞赏。如果你只写了5页或10页的提纲，这时根据导师反馈换方向、添加想法和主题，或者删掉多余内容都还方便；如果你已经写了250页的稿子，再调整就难得多了。提纲能节省时间和精力，也有利于心理健康。

初稿完成后也能用得上提纲。在你写完初稿、还没开始修改的时候，你可以把稿子放在一边，写一份新的提纲。假如你今天才刚刚动笔，但有了通过撰写初稿获得的经验和知识，那你的提纲会是什么样呢？如果你的第二份提纲很贴近初稿，那可能就不太需要调整和修改了。

但是，如果你的第二份提纲和第一份提纲有显著差别，那就要做出决断了，第二份提纲是不是你在写的论文或章节的更好模板？如果是的话，那它就会指导你进行必要的调整、修改、扩充和删减。

今天，试着给你计划要写的文本写提纲，并按照提纲进行写作。你的生产力因此提高了吗？你今天写了吗？

第十一章
蓄水

写作过程中最困难、最复杂的部分就是开头。

——A. B. 耶霍舒亚（A. B. Yehoshua）

你正在用提纲吗？下一步就是蓄水了。

在此感谢匹兹堡大学的迈克尔·齐格蒙德（Michael Zigmond）和贝丝·费舍尔（Beth Fischer），这条策略是他们教会我的。我用了，很喜欢。这是一种特殊的提纲，能给在写作启动阶段会感到恐慌的人很大安慰。它能够让你高效地启动写作，大大加快写作进度。

面对一项新的写作任务，比方说要向期刊投稿一篇30页的文章，你先写论文题目。接着插入一级标题，然后加入二级标题。如果还有更多等级的话，依此类推。现在回过头写主旨句，也就是用一句话描述每一节中每一段的主旨或要点，以展开该部分。

文章越长，这个方法越好用。它的好处如下。

第十一章　蓄水

- 让你在动笔前想好内容和内容的次序。
- 让你确定每一章、每一节的要点。如果你要写的文章比较长,那么写每一章、每一节之前都可以这样做,效果会特别好。
- 让你在动笔之前将内容在各节之间调换,重新组织思路,而不是动笔之后再改。
- 有了这些"路标",你的写作速度会更快,从而推动你的思考和写作。

我第一次用这条策略,是写一本有17章的书。我从写第一章到最后一章之间隔了好几个月(好吧,其实是好几年)。我写第一章之前就定好了我的所有想法,还做了初步的编排,这大大减轻了我每天早晨动笔的压力。

你觉得,蓄水法会不会让你成为一名更有生产力(而且更不焦虑)的写作者呢?

第十二章
避开分心之物

> 作家会真心诚意地争取独处,然后有无数方法来荒废独处时光。
>
> ——唐·德里罗〔Don DeLillo〕

想要效率更高吗？要避开和减少分心之物。

对长时间使用电脑的IT从业者和大学生的研究表明，人们在工作时大约每隔12分钟就会被打断一次（Jin & Dabbish, 2009）。因此，如果你能找到一个远离干扰和分心之物的写作空间，你的生产力就会更高。你能不能闭门写作，或者在门上挂一个牌子"论文写作中——稍后回来！"（Kearns & Gardiner, 2006, 第6页）？史蒂芬·金写第一部小说时为了避免分心，会跑到自家移动房屋的洗衣间里写（King, 2000）。工作时减少干扰也能提高你的生产力。

不过，请你注意，在每隔12分钟一次的中断里面有一半是查邮件、吃零食或者打扫卫生造成的。你的常见或最爱分心之事物是什么？

最常见的中断工作的事由包括（Jin & Dabbish, 2009）：

第十二章 避开分心之物

- 休息，改做其他更想做的事情，尤其是手头任务太难、太无聊或者挫败感太强的时候；
- 让人分心的东西。我们有时会"对最小外部刺激做出回应，哪怕并不需要立即采取行动"（第1802页），比如电脑弹出了一条新邮件通知，你就停止写作，去看邮件里有没有重要或有意思的内容；
- 做另一项任务的提醒，比如付账单或网购图书；
- 清除工作中的障碍，比如通过改善工作环境来提升工作效率；
- 偏离主要任务，去完成其他次要任务。

这些中断工作的事可以缓解压力，提高心理活跃度，还能产生成就感，比如"你收到一条提醒后完成了多个小任务，没有忘事"（Jin & Dabbish, 2009, 第1804页）。停止写作去网上支付账单，或者发生日祝贺邮件，你就又完成了列表上的一个任务，这可能会让你感到满足。但这些分心活动会打断思考和写作的连贯性，从而降低你的效率，因为你需要时间来恢复专注，回到你手头的任务，也就是写作上面，而这个时间往往并不短。

分心和中断还会让你用A级时间去做B级和C级任务。你应该保护安排好的写作时间，将精力最好的时间用于写作（Jensen，2017）。工作90分钟，不要离开椅子，也不要查邮件，不要看社交网络。写作90分钟，不要自己打断自己。

试试吧。这一行为改变会大大提高你的生产力，你会感到惊讶的。

你今天写了吗？

第十三章
前瞻思考,倒推计划

通往地狱之路铺满了进行中的作品。

——菲利普·罗斯(Philip Roth)

如果一个项目的截止日期没有近在眼前，你还有好几周、好几个月乃至好几年的剩余时间，你会如何开展工作并完成项目？你会制订工作和时间计划把项目完成吗？讽刺吧？当截止日期还远的时候，我们往往会拖延，以至于一旦截止日期临近就会产生压力和焦虑。

在开启新项目或者完成进行中的项目时，一条非常有效的策略是前瞻思考，倒推计划。先确定一个你必须完成并提交项目的日期。然后从后往前推。截止日期前一天，你想要做什么？（我的建议是放松和庆祝，因为你提前交稿了。）前两天呢？前三天呢？如果截止日期离得不远，那就以日为单位倒推。如果你给自己留的时间比较多，那就以周为单位往前推。

通过这条策略，你能更好地知道自己在未来的每一天里

第十三章 前瞻思考，倒推计划

必须做什么。它也能帮助你知道自己的进度是不是已经落后了（没错，这很吓人）。如果你离截止日期还剩6个月时就发现自己必须提速、安排更多的写作时段，或者加快写作步调，那还好。但如果你还差6天或6个小时才恍然大悟，连亡羊补牢都晚了，那可就惨多了。我们都经历过的，对吧？

附录E给出了一个示例，说明5月份毕业之前7个月的计划看上去会是什么样。请注意，预计5月28日毕业的学生要从前一年的10月25日起制订下周的每日计划，然后为接下来的6个月制订每周计划。每逢周一都要制订每日目标，这样，即使距离毕业只有7个月，你也能按时完成学业。

泽鲁巴维尔提出了一种略有不同的计划方法，要求你准确地预测你写每一页、每一节或每一章需要消耗的时间（Zerubavel，1999，第76页）。对经验较少的写作者来说，他的方法可能有一定挑战性，但这是一个好的练习。附录F是我利用他的方法估测何时完成手稿的例子。

选一个项目，然后前瞻思考，倒推计划，谱写通往结项的篇章吧。你能行！

第十四章
进入心流

> 一个词接一个词,这就是力量。
> ——玛格丽特·阿特伍德(Margaret Atwood)

你写作时进入过**心流**吗？当你开始写的时候，你会不会最后发现自己更专注、更从容，乃至更自信了？

当你写作更专注，恐惧或焦虑更少时，你可能就进入了契克森米哈赖描述的心流状态（Csikszentmihalyi，1990）。他后来写道："手头任务的复杂性会深深吸引着人们，以至于人们完全沉浸其中。"（Csikszentmihalyi，2003，第40页）契克森米哈赖表示，心流最多会伴随着8种状况，尽管他并没有具体描述自己的写作体验，但这8条中大部分显然都是我们写作时追求的目标。

1. 目标明确。
2. 及时反馈。
3. 兼顾机遇和能力。

4. 更加专注。

5. 注重当下。

6. 有掌控感。

7. 时间感发生变化。

8. 忘我。

比如,在描述第三种状况"兼顾机遇和能力"时,他解释道,当我们相信自己能够成功时,我们就更可能完全投入一项任务中(Csikszentmihalyi,2003)。例如,我们不会害怕洗衣服或打扫公寓。除非是作为延迟写作的一种形式,否则我们未必喜欢做这些任务,你就承认吧。但我们不害怕它们。但如果我们认为写作超出了我们的技艺和能力范畴时,那我们做出的反应就是焦虑。契克森米哈赖写道:

> 注意力会从我们需要完成的目标上转移——焦虑的人会因为担忧结果而分心。……理想状况用一个简单的公式就可以表达:挑战程度高,技艺水平高,且挑战与技艺相当时,心流就会产生。
>
> (Csikszentmihalyi,2003,第44页)

心流体验本身就会激励写作，哪怕是写难度越来越大的稿件。

你有没有过这样的经历：你心里保证，写30分钟就可以停下，然后没过多久，你一看表或者字数统计，发现已经过去了两个小时，或者已经写了1 000字？这就是心流体验。

如果你一直每天写作，我希望你已经有过心流体验了。在心流状态下，你可能会克服恐惧和焦虑的障碍，更专注、更高效地坚持写更长时间。如果是这样的话，我鼓励你将每天写90分钟的目标改成每天写到心流出现，也就是说，全身心投入复杂的任务中。你完全沉浸在写作中，享受写作。(如果你还没有过心流，它迟早会来的，我保证。)进入心流之后就继续写吧。

第十五章
不要暴写

让我活,让我爱,让我用好句子说出来。

——席尔瓦·普拉斯(Sylvia Plath)

你这个学期暴写（binge writing）过吗？效果怎么样？

我是一名康复期的暴写症患者。我现在尽量避免暴写，因为暴写效果差，效率低。但本着坦白的精神，我会分享我的经历。有许多年，至少从我年轻时做助理教授那会儿开始，我就发现自己在工作日写不了多少东西。于是，我试图在周末写一整天。后来周末又被批改论文、出考题、打分、分析数据、写课题申请书占据，我就用春假那一周，或者学期结束后的两周假期来全天写作。结果成效并不好。暴写指的是留出大块时间来突击写稿子，常常是发疯一样地写。暴写很少会有大量产出，而且会制造更多的写作焦虑和压力。

暴写有什么问题？首先，如果你没有规律写作，也就是每天至少写90分钟，那么等过了一周、一个月或一个学期，你终于找到时间动笔的时候，产出大量优质文字的压力就会

第十五章 不要暴写

更大。我的暴写过程是这样的：我对自己承诺，一周5天不动笔，周六和周日要从早上9点写到晚上6点。每天9小时的产出压力太大了，于是焦虑情绪会累积，写作会拖延，更多压力和焦虑累积，写作再拖延。实事求是地讲，什么精神或脑力活动能连续坚持做好9个小时？我常常是整理笔记，读更多文献，构思写作，或者完成其他需要关注的项目，然后9个小时过去了，一个字没写。就这样过去了几周乃至几个月，我算了一笔账。相比于失败的周末9小时暴写，规律写作，哪怕每天只写15分钟，我的文字产出都要多得多。

暴写还有一个问题，那就是每次写作之间隔的时间很长，你需要大量的时间来重新进入专注思考和高效写作的状态。回想一下契克森米哈赖的心流概念（Csikszentmihalyi, 1990）。天天动笔能让我们更快、更规律地进入心流状态。要记住契克森米哈赖的话，如果没有心流，"注意力会从我们需要完成的目标上转移，焦虑的人会因为担忧结果而分心"（Csikszentmihalyi, 1990, 第44页）。多关注每天动笔，少关注结果，你就会达到自己追求的目标。

席尔瓦（Silvia, 2007）认为是凯洛格（Kellogg, 1994）创造了"暴写"这个词，并给出了另一个不要暴写的理由：

"在负罪感和焦虑的驱动下,暴写者不会觉得写作过程有满足感";经过长时间的暴写,写作"之后是火焰燃尽的阴霾,确证了暴写者对写作的厌恶"(Silvia,2007,第128至129页)。

因此,如果你正在暴写,也感受到了痛苦,那么请承诺下一周每天坚持写90分钟或至少15分钟吧,看看效果如何。

第十六章
克服完美主义倾向

> 我总有一天会找到恰当的词语,那会是简单的词语。
> ——杰克·凯鲁亚克(Jack Kerouac)

你在尝试写出完美无缺的硕士或博士毕业论文吗？你会不会因为知道自己写出的文字不会尽善尽美，所以拖延写作？你会不会因为你难以认定一个写作项目完结、可以放手，所以迟迟不写完？你会等到时间、环境、心情都合适才写作吗？你必须等到有灵感以后才开始写作吗？

一派胡言。写就是了——完美是做不到的。如果你能写出一锤定音的硕博论文或手稿，那你接下来要做什么？因为你的每篇稿子都把一个主题说尽了，所以每篇都要换主题？（我一想到你的写作生活和生涯就心累。）

为什么有人是完美主义者？追求完美的欲望可能来自对毕业论文或写作项目的过分执着。那是一篇学术著作，不是你的人生，它有时候也就那么回事吧。博士论文是重要的，会影响顺利按时毕业、博士后进站、获得教职，也是著书立

第十六章 克服完美主义倾向

说和学界声誉的起点。没错,博士论文可能是你迄今为止最重要的学术著作。但博士论文也好,其他任何写作项目也好,那都不是你的人生,不能定义你。它或许在专业上定义了你,但人生不仅仅有博士论文和学术生涯。(生活中一定要有人经常提醒你这一点。)因此,不要对任何一个写作项目过于执着,以至于你无法完成,甚至无法启动。

约茨霍伊鼓励我们克服对作品的执着,能够对自己的作品"释怀"(Hjortshoj,2001,第25页),交给导师、评审者或编辑。放下执着的必要条件是,你知道你在什么时候应该并愿意将自己的作品呈现给受众。

另一个追求完美的因素是,你没有意识到完成毕业论文,或者争取终身教职和升职称所需的论文专著需要多长时间。没错,你可以花3年写第一章,也可以花10年写一本书,前提是你没有毕业时间限制,或者申请终身教职和升职称还没有开始倒计时。与其非要写出一锤定音的完美之作,不如先把它完成再说。

如果你的顾问、导师或者系主任对你的指导不足,那么也会导致完美主义倾向。搞清楚要求,开题通过的要求是什么?让导师给论文签字的要求是什么?要想满足职称与终身教职评定委员会的续聘和晋升条件,你必须达成什么指标?满足这些要求,乃至超越它们。但是,没有人会告诉你,你的作品必须完美无瑕。(如果有人这么说,烦请告知,我要把其名字记下来。)

我在康奈尔大学的同事蕾切尔·韦尔(Rachel Weil)敦促我们"为平庸献上应有的爱。够用就是达到参与一项活动的基本前提条件,同时又不会妨碍其他人做这件事"(Weil,2018,第4段)。她主张够用并不意味着破坏标准,因为"够用本身就是标准"(第13段)。

我们可能还有一个错误的观念:只要等到有灵感了才写,成果就会是完美的。许多成功的学者和专业作家都认为,"等灵感"是高效写作的最大误区。他们还一致赞同高效写作最关键的是规律、定期、反复写作。

席尔瓦将"等灵感"形容为实际和高效写作的"最可笑,最无理"的障碍(Silvia,2007,第23页)。如果你等到有灵感,或者感觉轻松时才写,席尔瓦问道:"你对自己写出来的字数满意吗?成功的专业作家……高产,因为他们写作规律,常常天天动笔。他们不认为必须心情好才能写作。"(Silvia,2007,第27页)

第十六章 克服完美主义倾向

相比于灵感，规律和重复是生产力更可靠的预测指标。正如康托尔所说，"一切在于重复，我说真的——每一天做同一件事……在完全隔绝社交或任何积极强化的情况下保持自制力坚持规律写作"（Cantor，2017，第14段）。好吧，我希望末尾那句话没有让写作过程显得那么孤立，那么可怜。用凯斯的话说，"认真的作家不管有没有灵感，都会写。他们逐渐发现，规律是比灵感更好的朋友"（Keyes，2003，第49页）。

斯滕贝格写下了这段话："完美毕业论文的迷思给研究生造成了麻烦。从来没有一篇论文，或者一本书是'完美'的，或者说没有一本书是绝对完成的。"（Sternberg，1981，第160页）他说的是你吗？

我所在领域的一家顶级期刊的主编说，他从来没收到过一篇尽善尽美的投稿。针对这一说法，我的一位同事发誓要做到尽善尽美。她朝着目标不懈努力。你知道发生了什么，对吧？主编发现了错误。哪怕编辑没有找到问题，大部分作者也总能想到要改的地方，哪怕是已发表的著作。（我直到第一篇文章发表之后才学会 that 和 which 的正确用法，以及哪一个后面必须加逗号。我全文里犯了好几次这种错误，它被永远记录在了那一期期刊上。)斯滕贝格说:"我常常怀疑,比方说一篇毕业论文改了两稿之后,再改也不会改得更好,只会改得不一样罢了。"(Sternberg,1981,第160页)

完美主义的另一个原因与追求文字尽善尽美无关,而与拖延症关系甚大。路易在讨论写作者的心理滞阻(writer's block)时有如下形容:

> 止不住地吹毛求疵。你寸步难行,因为你目前写出来的稿子里有太多小毛病了,你感觉必须把它们清理干净。这不是心理滞阻,而是一种拖延症。改写完的稿子比继续写新内容容易多了,要抵制诱惑。(Luey,2004,第237页)

如果你今天还没有写出完全够用,但达不到尽善尽美的1 000字,那就开始吧。

第十七章
停止拖延——从现在开始

被绝望打败的有志写作者远比被能力不足打败的多。他们没有意识到,绝望是写作者的常态。

——拉尔夫·凯斯

她必须跨越一座大山般的障碍:她打算什么都不做。

——华莱士·肖恩(Wallace Shawn)

[出自Harvey(2018),句中描述的是女作家黛博拉·艾森伯格(Deborah Eisenberg)]

如果你觉得写东西难，那就等到截止日期迫在眉睫的时候吧。你慌了，导师或编辑不断提醒你开始写。好吧，上次动笔已经过去太久，你连存着没写完稿子的电脑的开机密码都忘了。（这是真人真事，我不开玩笑！）

掌控我们自己最能掌控的要素，行吗？也就是说，不要再拖延了！

如果你爱拖延（有人从来没经历过下面几条里的任何一条吗？），请注意以下策略。

- 要知道，当完成一个写作项目的耗时超出了应有水平，那可能是因为你启动得不够早。这话听起来简单，但你有多少次对自己说："我要是早开始写一周，或者每天写，或者在每个小时里拿出15分钟

第十七章 停止拖延——从现在开始

以上写作，而不是去……（插入你最喜欢的拖延活动），那我早就写完这倒霉的一节、一章或一篇论文了？"掌控你的时间，掌控你的写作。布劳塞说过："如果你不能掌控自己的时间，你就永远写不完。"（Brause，2000，第83页）

- 规定写作的起止时间，借此减轻拖延倾向。告诉你自己，如果你早上8点开始写，那9点半就可以停下。到点之后，你可以停，也可以不停，但你必须按时启动［肯达尔-塔科特（Kendall-Tackett），2007］。

- 同时推进多个项目，让拖延症为你所用。你是否害怕给学生的作业（具体来说，是那些确实糟糕的作业）打分？肯达尔-塔科特说，在判作业的时候，"我突然迫不及待想写自己的稿子了。我会告诉自己，'我就写一章'……还没等我反应过来，全书2/3的初稿已经出来了"（Kendall-Tackett，2007，第38至39页）。你可以拖延写一章的引言，但前提是，你正在写另一节。你最起码在写。

- 你可以这样想：拖延是一种徒劳的限制设置。当你拖延时，你就会将自己限制在短短几天里写作，忙乱又充满挫败感，而不是日复一日地坚持写作。博伊斯说："但这些拖延写作者忽略了一点，那就是临期动笔伴随的负面属性——疲倦、焦虑、对写作能力不自信等。"（Boice，1990，第87页）有比拖延更健康的设限方式，那些方式会更出成果。

- 博伊斯给出了另一条建议。如果你在每天启动写作时遇到困难，这条建议看上去可能有些反直觉："在你感觉准备好之前……动笔。在你感觉准备好之前……搁笔。你要知道你什么时候已经写够数了。"（Boice，1990，第86页）不要等到你脑子里出现完美论文的完美计划，要允许你自己在感觉文章尽善尽美之前把它交给评审者，"这能教会你放弃一种掌控，即追求完美，以换取另一种更健康的掌控，即能够自如地工作和沟通，没有不必要的焦虑"（Boice，1990，第87页）。

掌控你的时间、你的写作以及你的拖延倾向吧。现在就开始！

第十八章
保持动力

我坐在黑暗中,等待着笔端出现一点点火花。

——比利·科林斯(Billy Collins)

科林斯的方法富有诗意，但不是很现实。假如你从来没有写作灵感呢？只在有灵感或者准备好的时候动笔，那是愚蠢且低效的。你不能等着火花出现。试一试下列激励策略吧。

制订每日写作目标。目标应当能够在你规定的写作时间内完成。现在，你的写作时间应该至少是一周5天，每天连续写1到2个小时。试着一天写2页或者1 000个字，或者写出一章的提纲，并给每个一级和二级标题写一段概要。这不是找灵感，也不是等待缪斯降临。不管你有没有动力，你都必须完成每日写作目标。

这是一项重要的工作，必须有人去做。而这个"有人"就是你。要记住，毕业论文或者书不是一天写成的。但你可以写3段或3页，这有助于完成你的项目。

第十八章　保持动力

好初稿是不存在的，好稿子是改出来的。拉莫特告诉我们："把它写下来，你才能清理干净。"（Lamott，1994，第14页）肖补充道："没有好初稿，只有好改写。"（Shaw，1993，第36页）如果你需要将初稿视为预写的话，请告诉自己："这不是真写，以后才动真格呢！"然后你就可以迅速完成初稿，之后再开始认真写作（和改写）。

要提醒自己注意优先项。有一次周末，我自己一个人，可以将时间全拿来写作，结果我拖延了，因为我去做其他有意义，而且完成难度低得多的项目了。我是说，我有整个周末可以写作，对吧？这就像要开始写毕业论文，你知道你有一年或两年的时间，脑袋里有一个声音说："你其实用不着今天就开始。"为了让自己动起来，我向那个声音提出了这个问题："在接下来的一个小时里，有什么事情比写作还重要？"我写下了答案："没有！"

接着，我写下一个问题："今天要做的事情有哪些？"我写下了答案："给妈妈打电话。寄生日贺卡。锻炼。给喂鸟器补食。把堆肥倒掉。写作。"但"今天最重要的事情是什么？"这个问题的答案依然是"写作。我必须写作"。这足以让我那天早上，还有之后的每一个早上开始写作。你会发现这是第三章所讲策略的一个变体，即列出完成写作后需要做的所有事情的清单。就完成学业、获得奖学金、晋升职称、获得终身教职、获得职业荣誉与报酬这些目标而言，接下来的一个小时里很少有什么事情比写作更加紧迫了。

绘制进度表。我曾在第六章鼓励你创建一个电子表格，或者在办公室或公寓门上贴一张告示，公开展示你的字数成果。我之前建议一位博士生用这个方法，他当时月复一月地推迟毕业论文写作。为了给他积极的鼓励，并直观地记录他的写作效率，我在我的桌子上放了一个木箱，要求他每天往里面装一页新内容——就一页。第二天，他带着标题页来了（这小子挺聪明），但那也算数。接下来的五天里，他每天都带来一页参考文献列表。那也算数。

箱子里的纸越堆越多，他终于把好写的部分都写完了，必须开始写正文了。此时，纸张以一种形象具体的方式持续积累，他也有动力日复一日，每天交一页论文。

进度奖励。对有些人来说，写完好稿子的满足感就是足够的奖励了。（我们有内部控制点。）有些人则需要更多有形的、实在的奖励。（我们有外部控制点。）那么，在写作过程中，取得实质性成果后就奖励你自己一下吧。席尔瓦提醒我们:"永远不要用不写了作为写作的奖励。用放弃计划来奖励写作,就好比用抽烟来奖励戒烟。不要丢掉良好的写作习惯。"(Silvia,2007,第45页)

如果你参加了一个写作干预项目,要求你不准写作,或者只在有灵感的时候写作,你会更有动力吗?博伊斯对一组大学教师实施了写作干预,每名教师都反映写完有困难,尽管他们的写作项目完全可以完成。博伊斯将教师们分成三组。要求第一组教师10周不得写作,除非"事出紧急"(Boice,1990,第82页)。这个"戒写组"(第82页)的教师们认为,10周不动笔会让自己产生更多、更好的写作想法。

对第二组"自发组"的教师,博伊斯要求他们在10周内安排50个写作时段,但必须有心情了才写作(Boice,1990,第82页)。这些自发写作者也预计自己会更有创造力。博伊斯要求余下的第三组教师同样在10周内安排50个写作时段,但有惩罚措施。如果每次安排的时段内写出的成果不到3页(总共至少要写150页),就会有一张他们提前签好的支票被寄给他们自称不喜欢的组织(比如民主党、共和党、美国全国步枪协会、美国计划生育联合会)。这个"必写组"的教师显然抽到了下签,他们预测自己可能会有产出,但肯定不会有创造力。

实际情况如何？"必写组"的产出量是"自发组"的3倍多，是"戒写组"的15倍多。第三组"每天稳定有多于一个的有意义的新点子"（Boice，1990，第83页）。"戒写组"的灵感出现频率只有"必写组"的一半，"自发组"则只有"戒写组"的1/5。一名被逼着写作的第三组教师说，他对自己的经历感到惊讶，与他的预料完全不同。"我感觉不到压力。……自律的感觉真好。我真正喜欢的地方是……动笔是多么轻松随意。没有挣扎。我有时候都想早点动笔。这听起来根本不像我能说出来的话！"（Boice，1990，第83页）

因此，如果写作干预对你有激励作用的话，那就定好每日的写作时段，写好支票交给监督你的朋友——有动力了吗？

如果你觉得，灵感带来的动力比给你痛恨的组织寄支票更大，那么这里有一条对我有效的方法：在没有时间动笔时，想一想其他作家写出杰作的能力。当我感到任务太多，时间过度紧张，时间管理技巧全都不奏效的时候，我就会向其他作者找灵感，尤其是凯斯给出的范例（Keyes，2003）。比如加拿大诗人兼小说家卡罗尔·希尔兹（Carol Shields），

第十八章 保持动力

她是有史以来在商业上最成功的当代小说家之一。她写了30多本书，仅在美国就售出了超过8 000万册。希尔兹当初每天从早晨5点写到早晨7点，坚持3年，写完了自己的第一本书。

10年间，希尔兹一边给5个孩子换尿布喂奶，一边抽空写作。要是没有完成每天2页的目标，她就晚上睡觉前在床上写。"每天2页，9个月，她写出了自己的第一本长篇小说《小仪式》（Small Ceremonies）。希尔兹后来说，她再也没有写得这么快过，也没有写得这样有条理过。"（Keyes，2003，第42页）凭借《斯通家史》（The Stone Diaries）赢得普利策奖后，希尔兹对美国国家公共电台的主持人泰瑞·格罗斯（Terry Gross）说："我现在有一整天时间（写作），成果却不如当年多了。"（Keyes，2003，第42页）

凯斯举出了很多例子，比如，安东尼·特罗洛普（Anthony Trollope）辞去英国邮政调查员的工作后，用晚上的时间写了几十本小说。阿加莎·克里斯蒂（Agatha Christie）在医院做全职工作期间，用6年时间写了12本小说。普利策奖得主玛格丽特·艾德森（Margaret Edson）是在自行车店下班后写作，写出了《机智》（Wit）。斯考特·杜罗（Scott

Turow)律师用每天坐火车去芝加哥途中的30分钟写出了《无罪的罪人》(*Presumed Innocent*)。贝尔·胡克斯(bell hooks)在电话公司做全职员工期间撰写散文。德布拉·里恩斯特拉(Debra Rienstra)抽出15到60分钟的一段段时间写出了回忆录《有孩子真好》(*Great with Child*),而且"她睡眠严重不足,以致无法完全回忆起写书的过程"(Keyes,2003,第45页)。"弗兰兹·卡夫卡(Franz Kafka)曾是办事员,赫尔曼·梅尔维尔(Herman Melville)曾是海关工作人员,T. S. 艾略特(T. S. Eliot)曾在银行上班。"(Keyes,2003,第44页)我不知道你是怎么想的,但读了凯斯对这些成功作家的描述后,我觉得自己要是还说没有足够的时间写作,就太傻了。

你是否在学业、工作、生活之间左支右绌?那就动笔吧,哪怕只有很短的时间可以写。这招好用。

第十九章
写作的最后 5 分钟

> 漫长的忍耐,饱含心血的应用——你要么写,要么不写——唯一的检验办法就是亲自尝试。
>
> ——吉姆·塔利(Jim Tully)

在每天写作的最后5分钟里完成一项关键任务，可以节约时间，提高生产力。用停笔前的5分钟列出下一次继续要写的计划和想法。

我是最近发现这一点的，当时我要继续写几周前搁置的一篇文章。我的最后一句话是："这个现象至少有3种解释方式。"我停在了这一处，后来就想不起来当初要说哪3种方式了。当我终于写完稿子的这一部分时，我不确定现在的3种方式是否与最初的设想相同。也许其实有6种不错的方式，但我们永远都不会知道了。

前面讲过，我们真正动笔写的时候，和仅仅思考所写主题时用到的认知过程不同。因此，一旦你进入写作心流状态，你的头脑就往往会将你引向你需要去的方向。你刚坐下来的时候并不总是知道自己会写出什么，是写作过程把你领

第十九章　写作的最后5分钟

过去的。因此，在规定写作时段的末尾，必须停笔的时候，你要列出一张单子，或者一份提纲，或者用意识流的方法写下你接下来要写的内容。第二天开始写的时候，这张单子就能让你更快启动。意识流写作，就是尽可能快地将你产生的所有与主题相关的想法都记下来。不要管拼写、标点或格式。直接记录下一个想法，再下一个，再下一个——只要能保持思路不断，让你下次动笔时能更快进入心流就足够了。

有些写作者坚称，他们开始新一天的写作时必须先花15到20分钟阅读前一天写的东西，通过这种热身回到前一天搁笔的地方重新进入写作状态。除非你有无限多的时间，或者没有截止日期，否则不要这样使用你的写作时间。相反，你可以利用写作的最后5分钟做简短的笔记，帮助你确定下一步的写作方向。这条策略会让你更快地提高写作效率。

第二十章

写作环境

写小说有三条法则。可惜啊,没有人知道是什么。

——W. 萨默塞特·毛姆(W. Somerset Maugham)

你是否考虑为了提高写作效率而整理房间？如果你因为工作环境不好而推迟写作，别再这样了！动笔写，马上写。

约翰·厄普代克（John Updike）在家里给不同写作项目安排了不同的房间。他在一个房间里写小说，里面有写小说需要的全部资料。不写小说了，他就到隔壁房间写散文，再隔壁的房间里写童书，还有一个房间写评论文章或戏剧。这是我的梦想之家。我必须停止幻想，开始写作了。

史蒂芬·金写道，他当年在缅因州汉普顿市的一所高中教书，晚上下班回来写《魔女嘉丽》(*Carrie*) 和《撒冷镇》(*Salem's Lot*) (King, 2000)。他一年赚6 400美元，妻子在唐恩都乐打工，家里没安电话，因为安不起。他暑假在洗衣房工作，处理当地医院送来的带血床单。根据这段经历，他萌生了创作小说《魔女嘉丽》的想法。金的写作空间？他的写作工具是一台移动打字机，大腿上放着儿童餐桌，挤在移动房屋的洗衣间里写。金建议找一个有门的房间，闭门写作，至少写1 000字才能开门。每天都要写。如果有必要的话，一周可以休息一天。金说："消除所有可能让人分心的东西。"（第152页）通过这种方法，金每天写10页，大约2 000字。

席尔瓦的《文思泉涌》中有一幅写作空间的照片，配文是"我写出这本书的地方"（Silvia，2007，第21页）。在那个空间里，他用8年时间写了1本书和20篇期刊论文。他坐在金属折叠椅上写作。颗粒板材质的书桌价值10美元，桌布价值4美元。他的写作区域包括起居室、主卧、客卧和卫生间，"总能找到免费的卫生间"（第21页）。席尔瓦家里写作用的电脑没有联网，他说是因为"网络让人分心。……最好的自制方法就是避开需要自制力的环境"（第22页）。这可能是有史以来最好的建议了。

重点不是写作空间。高效写作的重点是天天动笔。写作成果的核心要素是动力、持久和韧性（Keyes，2003）。"决心是罕见的……比天赋还罕见。"（第49页）撰写毕业论文或学位论文时，导师和多位评审老师的要求都很严格，这可能是你要面临的最有挑战性的任务之一。但你能做到。

我在西北大学工作的时候，有一天早晨去找同事，那天她要给3岁孩子办生日会。当我走进他们在芝加哥的公寓楼大堂时，她的丈夫正拿着笔记本电脑在沙发上写稿子。他正在攻读社会学博士学位，处于毕业论文撰写阶段。那天早晨，他决定不开车20分钟去学校，因为过几个小时就要回来庆生。他也明智地决定不在家里写作，两个孩子一个1岁，一个3岁，正为开派对兴奋着呢。他在人来人往的芝加哥公寓楼大堂里写作。我问能不能给他拍照，他同意了。现在15年过去了，这张照片还贴在我的布告栏上，提醒我无论在什么环境里都要写。不要再幻想厄普代克的房子了，那不会让我成为一名更高效的作者。（但我确信，整洁一些的写作空间会让我更平静，对吧？我就是放不下这一点。）

我最喜欢的一个故事是，有人幻想写作空间能够神奇地、奇迹般地提高写作效率，结果未能如愿。故事人物是一名大学教授，她买了一辆报废的旧中巴，打算把它改造成后院书房。我相信车现在还停在她家门口的车道上，没有任何用处。尽管她没有书房，但她还是成了一名高产高效的写作者（Jensen, 2017）。

还有一个关于詹姆斯·乔伊斯（James Joyce）的故事也

对我有启发，因为我没有专门的书房或工作室。乔伊斯对写作感到灰心时，一位友人来安慰他。他哀叹自己那天才写了7个字。"7个？不过，詹姆斯啊，那不错了，至少对你来说不错了！"乔伊斯痛苦地回答道："是不错。……但我搞不清楚它们的语序！"（King，2000，第146页）。

  不管你在哪里写作，我知道你今天肯定能写超过7个字，而且语序是正确的。你能行！

第二十一章
卡壳了?

如果我真的卡壳了,我就去读书。我不会把一集22分钟的情景喜剧当作消遣,缓解起床后坐到桌前的巨大"压力"。

——海莉·康托尔(Hallie Cantor)

几乎所有作者都经历过卡壳或者受阻的情况。麦克菲将卡壳形容为"作者施加的自虐,让正常工作陷入瘫痪"(McPhee,2013,第1段)。请注意他用的形容词:"正常"。我们(大概率)没有问题。

那么,当这种情况发生时,你可以做什么呢?这里有几条建议。

把手指放到键盘上,开始打字。要打字,哪怕你写的东西是这样的:"研究生院的'老巫婆'跟我说必须每天写,所以我来写了。当然了,我写的东西毫无意义,但我在写。"我说真的。开始写字,或者打字。思考你的主题,还有你应该写的内容。例如,在我的规定写作时段里,我可能会先写这样一段话:

第二十一章 卡壳了?

好吧,我今天的主题是道德推理的哲学和发展理论,所以我猜我应该写卢梭(Rousseau)、杜尔凯姆(Durkheim)、皮亚杰(Piaget)和科尔伯格(Kohlberg)。好,我从皮亚杰写起吧。这位瑞士心理学家最初的志向是成为生物学家,他在15岁时写出了第一篇关于软体动物的论文。基于他发表的著作,他十几岁的时候就首次获得教职。新雇主与他见面时不得不取消聘用,因为皮亚杰年龄太小……

你可能会写一些废话,但你最终会写出好东西的,至少是还行的东西。到了修订阶段,你会写得更好的。W. 萨默塞特·毛姆就采用了类似的做法,每天在同一时间写作。"我有时会写自己的名字(反复写),直到想法出现。"(Keyes, 2003,第49页)

这里讲一种能帮助我自己动笔的方法。如果我要写一章,我会把这一章的各节标题从头到尾,按照相应顺序输入电脑,然后回过头来,在各节标题下输入小节标题。接着,在每个小节标题下写出各个段落的基本思想。现在,每个小节标题下可能已经有5到8个想法了。然后,直到这时,我才会选择一节开始写。（这就是第十一章讲过的蓄水法。）这样一来，我已经知道每一节要写什么了。我发现，在我写一节内容的时候，哪怕写得很顺，我也会开始为后面的几节感到焦虑。我会问自己："我要是不知道下面要写什么，那怎么办？下一节要是想不出来任何东西写，那怎么办？"我不会感觉那么焦虑，因为我已经（初步）确定了每一节的内容。因为全文或者全章已经有很多想法了，所以我确信我做得来，我能行。

麦克菲讲了开始动笔的困难性，建议开头第一句写"亲爱的妈妈"，然后向妈妈或者生命中另一个同情你、鼓励你的人介绍你的主题。最后，你会通过这种写信的形式完成初稿。接着删掉称呼语，开始修改。（McPhee，2013，第1段）（尽管我确信你妈妈会喜欢你给她写一封信、打一通电话或发一条短信，哪怕你发的只是不完善的初稿。）

对于动觉强、身体运动有助于学习和记忆的写作者来说，这里还有一条策略可以尝试：起身动一动。在室内漫步、出去散步或者跑步。但你必须一边运动，一边思考你的主题。麦克菲的建议是，思考文章主题对写作过程很重要，有时你24小时都在想，甚至睡觉时都在用潜意识思考，但

他告诫道:"直到它存在于(文字中),写作才真正开始。"(McPhee,2013,第6段)

起身运动并不是打字或写字后的休息,而是通过运动来想出你需要写的内容。我有一名同事的办公室在学校操场旁边,他写稿子的方式是先去操场跑一圈,然后回办公室写一节,然后再跑一圈,再写一节,如此往复。另一位同事谢里尔(Cheryl)告诉我,她在明尼苏达大学写博士论文的时候,把母亲家餐厅墙上的壁纸全都撕了。她妈妈似乎想要处理掉壁纸,于是谢里尔写一会儿,卡住了,撕一会儿,脑子里就有下一段了。这时,她可以坐下来,让文字流淌出来。所以,如果你是这种动觉式的学习—写作风格,那就试试吧。但是,起身、跑步、撕墙纸并不是写作。你必须找到一种能让你思路畅通,继而回归写作的方法。

要记住,一旦你开始写作,写作过程就会催生灵感。因此,不要害怕每天动笔。哪怕你脑子里没有什么可写的,但当你开始动笔了,不管是前面建议的废话,还是糟糕透顶的初稿,你的认知过程都会发生变化,与单纯思考所写主题的时候不一样。我今天开始写新的一章时,根本不知道从何入手,即使是在写其他东西的时候翻来覆去想了3天,也还是茫无头绪、毫无想法。但我一开始打字，就写出了3页很好的引言，都是我开始打字后才想到的。

如果你发现自己写作时经常卡壳，那么不妨试试下面的干预措施。列出你知道的最大写作障碍。每个障碍都出现在写作过程的什么阶段？针对你列出的每一项障碍，你可以采取什么克服措施？附录G中列出了研究生写作者们发现的一些常见障碍。使用这张表，加上你自己的障碍，然后寻找你想要尝试的解决办法，或者写下你已经尝试过、对你有效的办法。把这张表放在手边，等你下次卡壳的时候迅速克服。

如果你卡壳了，不要称它为"心理滞阻"。席尔瓦认为，学术作者在写作中不会真正有滞阻（Silvia, 2015）。"心理滞阻只不过是不动笔的行为。……药方就是动笔"（第44页）。他又说："正如外星人只会绑架相信外星人绑架的人，心理滞阻也只会妨碍相信它的人。"（第45页）

约茨霍伊在《理解心理滞阻》（*Understanding Writing Blocks*）一书中采取了类似的思路（Hjortshoj, 2001）。尽管书名里有"心理滞阻"字样，但他不愿意用这个词，因为它有"医学的味道"（第8页），暗示这是一种心理障碍。他相信，"所有严肃作家在写作过程中都会经历至少是轻微的干扰"（第8页）。通常说的"心理滞阻"其实是一个写作问题或障碍，发生在写作过程中的某个特定阶段。写作问题可以检查出来，并通过学习新技能、尝试新策略解决。学校写作中心、写作教练、导师都可以帮助你发现和处理写作障碍。发现写作问题，然后设法克服。通常情况下，头脑最聪明的学生在进行最复杂、最杰出的研究时也会遇到这些写作障碍（Hjortshoj，2001）。你感觉好些了吗？

第二十二章
修改与编辑

如果你想一边写,一边编辑,那你两边都做不好。

——查尔斯·塞兹(Charles Sides)

比方说,你有10周时间写一章或一篇要发表的论文。你要如何分配写和改的时间? 8周写,然后2周改?请别告诉我,你的计划是拖延6周,然后4周写出来,最后一天晚上狂改。我们已经抛弃拖延、完蛋、绝望的低效流程了,对吧?

你要采用"二八法则",用20%的时间写初稿。总共10周的话,那就2周写完初稿,然后你有8周时间修改,包括反思、调整结构、修订、编辑,最后审读。

罗伊·彼得·克拉克问道:"如果你有更多修改时间,你还会做出哪些改动?"(Roy Peter Clark,2011,第242页)没有作者在提交手稿乃至出版物时会说:"这是完美无缺的!"事实上,1925年《了不起的盖茨比》(*The Great Gatsby*)出版那天,菲茨杰拉德(Fitzgerald)满心焦虑,写信给编辑说:"我被恐惧和预感打垮了。我信心全无。"

（Keyes，2003，第16页）所以，想一想如果你真正给了自己充足的修改时间，你会加入多少深刻的见解、多少动人的故事、多么精确的措辞吧。我不是说你必须写好几稿，只要写一稿，然后有足够时间用心修改。安排给修改的时间至少要与计划和撰写初稿的时间相等，时间至少要对半，但初稿用时20%、修改用时80%会更好。

这是什么原理呢？

不妨将初稿理解为让你做好写作准备的东西。它是预写，或者用一位学生对自己初稿的说法，是"粗写"［A.库珀斯托克（A. Cooperstock），私人交流，2019年1月17日］。在你做好准备之前，或者计划的写作时间之前就开始写初稿。举个例子，我在一天时间里开始写一本新书的3章。听上去志气很大，效率也特别高，对吧？我开始写新的一章，不到两个小时就把我能想到的东西都写完了。然后我开始写第二章，一个小时后又把能回想起来的相关内容写完了。第三章也花了一个小时。但是，这些初稿让我明白了我的知识缺口在哪里，哪些文章和笔记需要重温，哪些话题需要更新研究进展。对我来说，发现这一切的最好办法就是动笔写。

我们常常卡在研究、读文献和做笔记的阶段。我们在实验室、图书馆和档案馆里流连忘返。相比于未知的写作、空空如也的电脑屏幕和纸张,这些地方让我们感觉熟悉、安心。但这正是我们需要让天天动笔成为规律和习惯的原因。天天动笔要成为常态,而不是可怕的事情。

一旦纸上有了字,哪怕是非常糟糕的初稿,也要反思、重组、改写、修订、编辑和审读。有些作者写完后会给自己放个假(几个小时,或者几天),然后再修订和编辑。休息期间不要停止写作,而要去写另外一章或另一篇文章,给自己的写作与编辑之间隔出一点距离。萨勒提出,写作与编辑的间隔"只适用于进度超前、没有截止日期,或者研究领域变化缓慢的人"(Saller,2016,第69页)。你属于这些人,对吗?

进入修改编辑模式。换个地方,比如从办公桌前转移到沙发上,或者把稿子打印出来,拿上一根铅笔。如果你在听音乐的话,换一首放。采取必要的做法,进入客观读者和编辑的思维模式。

第一步是考查文章的整体格局。你是否提出了最引人注目的问题?你是否搜集了正确的数据或文献,从而能够回答这些问题,并讲述能够回应读者疑问的故事?你的思路或方向是否构成了一个有机整体？① 最终成果是否令你满意？花时间反思一下文章的视野。

第二步是考查核心论点和说服性论证，它们构成了文章的实质内容。你是否能够做出令人信服的有力论证？你的文字是否一气呵成，从问题或论点导向有说服力的证据？

第三步是查看文章的结构和过渡，评价文字的流畅程度。提纲会为你提供帮助。是否有几段应该挪到其他节？是否有几节的次序需要调整，或者挪到其他章？如果句与句之间或段与段之间找不到好的过渡方式，也许这些句段应该放到别处。句子本身未必差或冗余，只是位置不合适，换个地方会更好。我们常常会发现，加入几个小节标题会让文字更流畅。在一些情况下，我们需要改写一个自然段的最后几句话，在下一段开头加入引语，让两段的转折更自然。等你调

---

① 在负责任研究行为的相关文献中，"切香肠"（salami slicing）指的是一种不当写作行为，即将一个大型研究项目或学术课题切分成多篇较短的文章，分别向不同的期刊投稿。美国研究诚信办公室（U.S. Office of Research Integrity, ORI）将"切香肠"定义为"仅为了增加文章数量，将一项重大研究分成若干小实验的做法"（ORI，日期不详，第3页）。因此，在反思的第一步中，你要考虑自己的文稿作为一个整体，是否构成了足以对相关领域做出贡献的重要研究或学术成果。

整完了段和节的顺序，回头通读一遍，最后检查一下是否流畅。

第四步是炼字，这是一个有趣的挑战。每个词是否精确传达了你想要表达的意思？你会发现，当你用准确的词语替换笼统或不精确的词语时，也许有其他许多词就可以删掉了。一旦你找到了准确的词语，你就很可能也要对篇幅进行修改。只要你为了精确而编辑，你的文字就会更加简洁。

最后是审读终稿，检查格式、笔误和标点。我有一次从后往前，逐字逐句通读了一份800页的稿子——没错，从后往前。我不推荐这样做，但这是一个抓笔误、行距和其他小毛病的有效方法。我推荐你大声把自己的稿子读出来，这样速度比较慢，但你会发现错误的。

在改稿子的时候，你要列出对每一稿都做出了什么类型的修改。这有几方面的好处：知道每一次修订能做成哪些事情，就能帮助你明白写完全文要花多少时间；这能让你交上去的稿子整洁规范，编辑和读者会欣赏这一点；你还可以将这张列表用于后续稿件中，能让你少写几稿、少改几次。

以本书为例，下面是我对每一稿做出的修改情况。（我一开始就有修订方案，但修订过程中连这个方案也会改动。）

首先,我写完全文初稿后把文档打印了出来,阅读纸质版。我调整了章的次序,决定新加两章,还将内容在章与章之间挪移,放到更符合逻辑的位置上。我还标记了发现的笔误、信息缺失和需要复核的内容。此外,我多次重读并编辑序言,确保它符合我的目标和后文内容。在这次修订中,我还试图检查参考文献是否完整,我是否在正确的章节提到了正确的附录,而且标注是否也正确。读到一半的时候,我觉得这样读每一章时要关注的任务太多了,于是将检查参考文献和附录留给后续修订去做。

在第二轮修订中,我更新了纸质版,重点是考察文字流畅度,并通过增改字词、短语来改进写作。这个层次的阅读还让我想起了更多研究和例子,我在适当位置加了进去。我还按照标题列了一张附录表,上面登记了我在哪一章、哪一页让读者参考哪一个附录。我在修订过程中将多个附录换到了其他章节,以便查找和修改标注。这也让我能一窥附录全貌,而不必每次都要在越来越长的稿子中间翻找。我检查了一页长的附录表,看附录的顺序是否正确,是否在最恰当的章中被提及。我还开始盯着每一页查找行距等格式错误,这件事用纸质版做要容易多了。在这一轮修订中,我每开始改一章的稿子，就把这一章的纸页订到一起。等到所有章都编辑完了，各章都订起来了，我就翻这一摞稿子，看每一章的第一页，检查外观和格式是否统一。在这次修订中，我还开始注意到之前没想过要加入格式表中的内容。出现频率最高的用词不统一就是"毕业论文写作训练营"（dissertation-writing boot camp），全书中有75%没用大写字母，于是我全改成了小写字母。在这次修订中，我还删掉了大约一半的感叹号。我容易滥用感叹号，这样在需要感叹号的时候，它的冲击力就减弱了。我还去掉了许多括号。我发现我经常加了左括号，忘加右括号。

在第三轮，也是最后一轮修订中，我用的是另一份纸质净稿。我知道，我知道，用纸太多了，但我会复用的。一旦我知道有一份稿件不需要再查注释，也不需要编辑了，我就会把它循环利用。我还会把稿子留下，这样如果编辑把我改的地方给改回去了，我就学会不再过度修订了。我把自己当作读者而非作者，慢慢地通读全文。我改掉了混淆、别扭、冗长、烦扰的地方。我还尝试寻找最精确的用词，例如，我刚刚发现有一句里本来写的是"让你的文字更好"，我把它改成"让你的文字更精确"，表明你的文字在哪方面更好了。

另外，我还尝试把剩余的毛病一网打尽，比如笔误和格式不统一。在这次修订中，我继续寻找笔误和标点不全。（我刚刚将"标点不当"改成"标点不全"，这样读起来会不会更令人满意、更精确呢？）我还发现了正文与提及的附录不对应的情况，我本来确定在上一稿中发现并改正过了。这个例子表明，为什么截止日期到来的时候，我们还是会需要多那么一天或者一周的时间，将这个时间算到计划里吧。（这也是我给编辑送稿的时间比我预期中晚的原因。唉，照我的话去做，别学我做的事。唉。）在我对本书做最后的编辑时，我又调整了章的顺序。你也能猜到，我又需要调整附录顺序和标注，与新的章节位置对应了。

通过反思我的修订过程，我应该能够在下一份稿子中利用学到的教训，让修订更完整、更彻底、更高效。想一想你能对自己的修订过程做出何种反思，从而使你自己的著作写得更好、编得更好。

第二十三章

时间管理

时间是自然的一种属性,作用是避免所有事情一起发生。它最近好像不发挥作用了。

——无名氏

你要如何管理时间，成为一名生产力更高的写作者？你要如何找到时间，每天动笔几个小时？

好吧，你每天都是怎么找到时间做其他事情的——吃饭、睡觉、处理个人卫生？你每天都要做这些事，因为它们是重要的。写作也一样。如果你想要获得学位，进入学界，或者成为作家，写作就是重要的。你必须写作，因此，你必须每天找时间写作，时间也许并不比吃饭或锻炼更久。这里有几条或许对你有帮助的建议。

列出你写完稿子需要的所有步骤，并根据每一步需要的时间来制订计划（Brause，2000）。这是一条好建议。我建议你给计划表增加一列"我对这一步的掌控程度有多大"，超出你掌控范围的要素越多，意外（和延后）发生的可能性就越高。你的计划应当足够灵活，可以在出现危急状况，耗

第二十三章 时间管理

时超出预期（这种情况会发生的）时做出调整。超时的原因包括经费耗尽、房屋租约到期、配偶或伴侣威胁要分手、导师离职或离世（但愿不会如此）。制订计划和时间表的另一条建议是，你要给自己定截止日期，比导师或出版社定的日期更早。这样的话，如果你需要更多时间才能做完，那就只是自己失望，而不用面对他人的失望。**导师定的截止日期一次都不能误。**

有些作者觉得，小单元式的写作计划效果好。如果按照以下流程来写第三章，你可能会更有效率：早上8点到8点半写引言，8点半到9点半写5段相关文献评述，9点半到10点写第三章的最后一段和引出第四章的过渡段。而不是笼统地说"早上8点到10点写第三章"。针对你的可用时间设定可行的目标，然后努力实现。"写第三章"这个目标不够具体。

另一条时间管理策略是，在你开始写新章节之前，先想一想你必须做什么。需要涵盖多少内容？要包括哪些想法或论证？要用几个小节？接着，你要判断需要多少时间才能就你的主题写出好的文章。将这个时间写下来。然后开始写，并记录你实际用了多久来完成计划中的工作。写完后去查看你当初写下来的时间。（你提前完成了吗？祝贺你。我从来没提前过。)耗时总会超出预期。下一步是最关键、最重要的环节——分析超时的原因。也许你休息次数太多,看电视时间太长,或者分心频率比预计更高。你知道自己应该采取何种行动吗?发现并消除成为你弱点的分心事物。例如,不要上网,不要查邮件或上社交网站,关掉手机,写满90分钟才停笔。或者,你是不是单纯给这项写作任务安排的时间不够多?在你的预期中,这项任务是否比实际上容易,因此完成速度也更快?会不会想法在你脑袋里挺合理,落到纸上或电脑屏幕上就不太说得通,于是你低估了将念头转换成文字所需要的时间?会不会你以为一篇稿子用1个小时就能写完,结果却需要两倍多的时间?判断不准做一件事要花多少时间,这不要紧,这只是意味着你必须调整自己的计划,方法有两种:第一是提前,在你预计需要完成的时间基础上,再提前一周、一个月或更早开始,给自己更多的时间;第二是提速,你必须比之前写得更快。我建议采取前一种做法。它能让你保持理智,更不用说朋友和爱人的理智了,也能提高作品质量。

你要明白一点,你确实没有时间今天就写完毕业论文,或者一本书,甚至一篇稿子。但你今天确实有时间写一段或者一两页。这就是你今天需要做的所有事。（除非你拖得太晚才启动，那样可能今天晚上就得写完一篇稿子了。我们都经历过。）你今天写的字数越多，进展就越快。你动笔的天数越多，完成就越早。你写得越多，你的写作和编辑水平就越高。我向你保证。

第二十四章
精力管理

> 生命中难免有挑战,但未必要被击败。
> ——罗杰·克劳福德(Roger Crawford)

就算你的时间管理、工作管理、自我管理都做得更好了,但你仍然可能觉得难以完成任务,因为坦白讲,我们一天需要的时间根本不止24个小时。但你还可以尝试一条策略:精力管理。

下面讲的策略会让你更有精力,从而获得更好的表现,尽管它们并不总是轻而易举。睡眠和休息要充足。通过锻炼或冥想来保持生理、心理和认知健康。饮食适当适量,少食多餐,低糖高蛋白。多喝水。

与时间等其他资源不同,精力是可再生的。你可以消耗精力,然后补充精力。你是如何补充精力的?一些教师觉得上课让人精力充沛,因为与学生交往,看着他们领悟新知识、解决难题,是一件有成就感的事。你在锻炼、冥想、吃健康零食之后会不会精力更充沛,至少是精神焕发?

通过与企业高管、美国联邦调查局探员、奥林匹克运动员合作,格罗佩坚持认为,他们必须有适当的睡眠、锻炼、营养和水分才能取得最好的表现和成绩(Groppel, 2000)。因此,你要照顾好身心,将自己的能力发挥到极致。

还有一件事我们都很熟悉,但并不容易做到:只做自己能做好的事,不要承担过多义务。在关键时刻(比如截止日期临近)将精力集中于推进工作,这可能意味着对同事、朋友、家人或者导师(天哪)说不。我们不喜欢说不。事实上,我刚做助理教授那几年里,我的字典里就没有这个字。系主任康妮(Connie)非常大度体贴,她有一次对我说:"简,有人找你做事的时候,你应该这么回答,'我承担任何新工作之前都必须找康妮商量'。"然后,我就可以回去跟那个要用我的时间的人说:"不行,康妮不准我做。抱歉。"

最后,我学会了用说"是"的语气说"不",比如:

哎呀,我很想跟你一起教课,感觉会很有意思,收获也很多。我们在一起会多好啊!(此处停顿,保持微笑,表情和善。)但现在的话,我无法为这件事投入它应得的时间。我能好好做的时候再来找你吧。

要允许你在适当的时候对某些要求说不,这也是一条精力管理策略:睡觉、锻炼、吃饭、喝水、说不。那是你对自己和工作的责任。

第二十五章
导师管理

决不能慌。

——诺曼·梅勒（Norman Mailer）

没错,这是真事:要学会管理你的导师,也可以叫对导师的关怀和培养(不是字面意义上的,但往往可以做到)。你有可能让导师更有效地发挥作用,满足你的需求(往往可以做到)。

我是在我的一个学生身上发现这一点的。他对我们,对学位评定委员会成员进行管理,让我们更有条理、更积极回应他对反馈和支持的诉求。他安排的委员会会议次数比其他学生多,对他的学术和研究进度有推动作用。他会在每次委员会或一对一会议之前发出议程表,让我们准备好讨论他的新研究想法,回答他的问题。他每学期都会给我们发新的个人简历,其中说明了下学期的个人目标(例如,提交一篇会议申请、准备一次海报展示、报名参加一场跨学科研究生研讨会,或者开始找工作)。他不断想出新办法来管理我们。我的同事黛比·特加诺（Debbi Tegano）曾多次担任学位评定委员，她倾向于认为学生不是在管理导师，而是让导师**敬业**。敬业的导师能更有效地指导学生，因此，她建议将本章题目改为"让导师敬业"。到底是敬业还是管理，你自己决定吧。

在毕业论文写作阶段采取导师管理策略，能让导师更好地阅读和评审你的作品。不要把30页或300页论文甩给导师，然后说："您觉得写得怎么样？"导师的桌子上或电脑里还堆着很多页稿子，你的论文要排队等着。几周或者几个月过去了，你可能会琢磨自己什么时候能收到反馈，会不会收到反馈。你要注意，"有一些教授在身边拖着这么个大部头时会有负罪感，他们希望自己能抽出几分钟，处理你安排给他们的这项可怕任务"（D. Tegano，私人交流，2017年3月23日）。如果你不希望导师有负罪感或不堪重负的话，那就给导师和评定委员们发一张具体的问题列表吧，那比读30页或300页文章要快得多，也简单得多了。

例如，你可以要求他们：

请看第30至35页，我是否需要加强论证或补充细节，还是说，等到第二章再做会更好？在第70至

75页，我是否需要补充方法论的细节？在参考坎宁安和霍尔姆新作来讨论我的成果时，我是否需要扩充比较我与两人方法异同的那一节？卡特伦和弗莱彻的文章是否要在这里再提一下？

具体的问题往往会让对方更快给出更有用的评论（Kearns & Gardiner，2006）。

还记得你读完第十三章和附录 E 中的例子之后写的"前瞻思考，倒推计划"文档吗？用它与导师进行沟通。如果导师有确切证据表明你有重点突出的计划，有合理的截止日期，而且预计你能够按时毕业，那他们的合作意愿往往就要高得多。另外，拿到博士后或工作邀约也会让导师更加配合你完成学业，对加快进度有奇效。

要定期与导师沟通，可按照导师偏好采用线上或线下形式。进展顺利时要沟通，不顺利时更要沟通。我在研究生院工作时，经常听到教师说："我的学生没影了。我有一个月没收到他的任何信息。或者两个月。或者三个月。"附录 H 中给出了读研读博期间要与导师沟通的关键节点，这对规避和克服障碍至关重要，比如选研究题目或者换题目时，研究或写作遇到挑战时，以及需要导师反馈或指导的时候。

在指导关系确立的初期，双方应该讨论各自的期望。要尽早谈，这样如果双方期望不符，你还有选择的机会。你可以选择适应，或者换导师，或者接受联合指导，或者找多名非正式导师。设定期望的一部分，就是要知道你在提交毕业论文、征求导师反馈之前要写出多少字。你的导师是否愿意审阅提纲、章节或论文摘要？是有一块内容就行，还是必须是一整章？有的导师要求学生先写完，然后再审读。换句话说，你和导师要知己知彼。导师最适应何种学习风格？导师是希望了解全局还是细节和具体情况？导师是临阵暴写型的，还是认真规划型的？导师在论文写作期间同意多久与你见一次面？要为你到校外做研究，以及导师外出或放长假期间制订具体的沟通计划。附录I是一套模板，说明了你在与导师见面之前和之后需要做的事情，以促进沟通、了解和确认下一步要做的事情（以书面形式）。

大多数导师都会认为，在这些问题上积极主动的学生是优秀学生，他们有条理、专业，并且尊重导师的时间。我们私底下常常也想要效仿这样的学生。[说的就是你俩，凯西·菲茨杰拉德（Kathy Fitzgerald）和利森·罗伯茨（Lisen Roberts）！]

第二十六章
练习写作

> 天天动笔让我记住了一点,写作与发表毫无关系。……写作可以是完全独立和私密的——聊以自慰吧。
>
> ——内尔·弗罗登伯格〔Nell Freudenberger〕

你快写完一篇文章了吗？你准备要把稿子，即初稿或终稿，提交评审员、导师、编辑或代理人了吗？你运气真好。祝贺！

请不要停止写作。要继续写，仅仅当作练习。你想一想，还有哪些我们希望熟练掌握的领域会要求我们先等待，直到下次重大活动时才启动？就拿马拉松来说吧，哪个准备参加大赛的人会采取多吃多睡，就是不跑的训练方法？那么，我们为什么要等到下一个写作任务和截止日期到来时才动笔呢？

在哥伦比亚大学读艺术史博士期间，乔丹·洛夫（Jordan Love）考完综合考试后的第一天就开始天天动笔，每天只写一页。不到一年，当她准备开始写毕业论文的时候，她已经轻松写出150页。那么，练习写作带给她什么收获呢？收获很多。她有信心写完300页的博士论文。考虑到她已经写完一半了，那简直是小菜一碟。此外，她在每日的写作练习中有了博士论文的构思（J. Love，私人交流，2011年5月18日）。洛夫是同级生里最快写完毕业论文的（比好几个比她早动笔的人还快）。要记住，把想法写下来和单纯在脑子里想是不一样的。写作过程的促进作用是单纯思考、斟酌或抓狂永远不可及的。

有没有人（比如导师）告诉你，你还没有做好写的准备？你还是应该写，偷偷写就行了。相比于只想不写，这个过程会帮助你更快启动真正的写作。我们学院院长最近告诉我，他要求自己的学生"边写边做。写作不是研究结束后的一个阶段，写作**就是**研究"［C. 范·罗恩（C. Van Loan），私人交流，2019年1月17日］。

几年前，我为哥伦比亚大学的研究生组织了一个系列活动，主题是"是教授，也是作者"（Faculty as Writers）。教师罗比·麦克林托克（Robbie McClintock）作过一次发言，鼓励我们就算没有项目也要写，就算没有任务或截止日期也要写（R. McClintock，私人交流，2011年4月20日）。这样做会让你喜欢写作，提升写作水平，成为一名写作者。

如果你想在写作任务之余找点东西写，尤其是压力比较小的题目，那就写写你对写作产生的忧虑和烦恼吧。这能减轻焦虑，让你虽然心有忧思，但依然能把事做好。（Beilock，2011）你也可以写未来5年或10年的写作和职业目标。你会写什么文章、论文和书？你要如何实现目标？另一个题目（这个特别有趣）是写下你生命中值得感激的人、经历和机会。向其表达感谢之情。这样做可以提升你的身心幸福感，帮助你有效应对压力、增强信心，甚至对睡眠质量都有好处。试试吧。完成本日写作后，给曾经教导、指导、激励、培养、鼓励或哺育过你的人写一封感谢信。讲述他们对你，或者说曾经对你的个人生活、学业或职业生涯的意义。

我的灵感来源是盖里·施耐德（Gary Schneider）。他是田纳西大学诺克斯维尔分校的一名教授，30多年来，他每天都给学校、教会或社区里的某个人写一张感谢卡。（我打算给他也写一张，感谢他成为我的榜样。）你是否感激某个让你有时间、有空间或有机会写作的人呢？你是否感谢给你反馈或咖啡因的人呢？发现你的世界中的美好，感谢生命中的一切正面事物，让自己获得鼓舞。这能帮助你坚定、专心、坚持写作。

第二十七章
写作互助组

最真诚的恭维可能不是模仿,而是倾听。

——乔伊斯·布拉泽斯博士〔Dr. Joyce Brothers〕

每次在康奈尔大学办完毕业论文训练营,我们都会提一个问题:"如何把训练营里的东西学到家?"学生们表示,他们在家、图书馆、实验室里的写作从来没有像在为期一周的高强度训练营里这样高效。区别何在?

区别常常在于与他们的环境、日程、动力和专注力相关的一个或多个因素。我鼓励学生们针对每个因素制订战略计划,以保持高效写作。计划的一个要素往往就是寻找写作互助社群,创立或加入写作互助组能满足多方面的需求。请确定在下列写作社群的特征中,哪些是你需要的。

监　督

与组员分享每天的写作目标和截止日期。你对自己写作的承诺也成了对小组的承诺。监督可以产生令人惊讶的效果。我第一次办毕业论文训练营之后,学生们表示喜欢训练营的写作环境、伙食和提升写作效率的技巧。接着,有一名学生说:"但最有效的部分是同侪压力。"(这是研究生啊,真是这样吗?)"是的,"他说,"我的视线离开电脑、三心二意的时候,我看见同学们在写,于是意识到,'他会比我早毕业,她会比我早毕业。如果我不坚持写,他们都会比我早毕业'。"〔G. 格林(G. Greene),私人交流,2006年1月13日〕监督、同侪压力是有效的,让它们为你所用。想办法让互助组或写作小组来监督你。

写作技能

不是所有写作互助组都会阅读组员的作品并给予反馈。这很耗费时间,而且很多人觉得,评论和编辑其他人的作品比自己写更容易。如果这样做助长了拖延症,拖慢了你自己的写作进度,那就不要做。但是,利用小组聚会时间读稿子并给出评价的人往往会发现,每周反馈能够加快推进写作进度。

评判技能

评判他人著作是一项有价值的技能，同事们对此的需求很强烈。这也有助于你自己提高思维和写作能力，对以后担任本领域专业期刊评审或编辑工作也是一种良好的训练。如果你和组员们都有同一个领域的扎实背景或专业素养，那你就能够对论证、分析和其他与内容相关的议题提出批评意见。有许多写作小组的成员来自多个学科，即便是这种情况，你的评论也能带来新鲜视角，你可以作为一名聪明但非专业的读者提出问题，并给予鼓励。附录J给出了同行评判的一些指导建议。

鼓励支持

写作小组能让你明白，你不是一个人在写作。用迪拉德的话说，"放弃写作很容易"（Dillard，1989，第91页）。有了写作互助组，你就能在写作遇到困难时获得动力，坚持下去。不管是加入一个原来就有的小组，还是创建一个新的写作互助组，你都要考虑最能满足自己需求的基本安排。

活动频率是多少

小组可以每周见一次,每月见一次,也可以由成员自行选择。线下活动或线上打卡的间隔时间越长,写作目标就应该越大。

小组会阅读成员稿件并给出反馈吗

如果你所在的小组会提供反馈,成员应该同意在下一次活动前3到5天,以电子邮件的形式将自己的稿件(一页、一节、一章)发给其他成员。稿件应当由一名或多名成员阅读并评论,可以在线下活动上口头反馈,也可以线上口头反馈,或者书面反馈。小组可以选择一或两篇样章让全体成员读,也可以给每名成员安排一篇样章,这样所有人的作品都有人读,而且每次活动中所有人都会收到反馈。你也可以设计其他适合的组织形式。康奈尔大学毕业论文写作训练营第一期结束后,学生们一周在图书馆里进行三次集体写作。就这么写了6个月以后,他们开始利用每周五的活动分享稿件并给予反馈,但为了提高效率,阅读和反馈时间只有一个小时。我赞成这个方法。要把时间花在写作上，不要拿出好几个小时来阅读和评论别人的文章。5年后，这个写作小组还在活动，但随着老组员毕业，新研究生加入，成员大约每两年就会轮换一次。

戈尔德建议，如果小组在评论一名组员的作品，这名成员应该倾听，记笔记，不要发表评论或回应。在组员们解释、辩护和评判作品时要倾听对话，"这样一来，你能够更细致地理解你对自身想法的表达情况，而假如你能够立即回应并做出解释的话，你可能永远得不到这种认识"（Golde，1996，第4页）。

组员人数应该是多少

这就看你自己了。人太少，那遇上学术会议或流感季，活动可能就办不起来。人太多，监督和社群意识可能就会丧失。一开始3到5人可能就挺好，然后再看适合不适合你们组。成员总是可以增加的。

小组要持续多久

只要小组对成员还有价值，那就可以继续活动。新增和替补成员可以让小组持续运转，组织形式也可以按照成员认为适当且必要的方式来调整。

基本规则有哪些

在讨论烦恼、挑战、恐惧和挫败时，我们应当处于一个安全保密的环境中。想一想如何打造这样的空间。另外，你还要决定如果成员缺席或者不出力的话，那要怎么办。小组应当互惠互利，对所有成员都有益。

小组可能还有其他机制需要提前讨论和决定。你要考虑活动场地的优劣，是图书馆这类地方，是气氛活跃一点的地方，还是可以随意交谈的地方；吃饭还是不吃饭；谁负责发活动通知；还有记录既定的目标和汇报的成果。

席尔瓦描述了他和系里同事组建的"失写症小组"（Agraphia Group），失写症指的是病理性的写作能力丧失（Silvia，2007）。同事们会谈论自己的稿子、提高写作效率的障碍，还有目标。席尔瓦提出，成功的写作小组应该具有以下要素。

- "设定具体的短期目标，监督组员进度。"（Silvia，2007，第52页）席尔瓦和同事是每周一次活动，所以除了分享作品以外，还会分享各自的目标。每次活动都会宣读上一次活动的纪要，组员报告自己是否达成了目标。"我们的制度避免了组员逃避目标，或者虚报上周成果的情况"（第52页）。在席尔瓦的小组里，有些组员只能两周参加一次活动，所以他们定的目标和截止日期就比每周参加活动的成员要长远一些。

- "盯紧写作目标，而不是其他专业目标。"（第53页）席尔瓦的小组活动时间短，往往只够每名成员汇报上次活动以来的成果，然后宣布下周目标。组员不会读彼此的作品，而是偶尔阅读和讨论有关写作的书。

- "胡萝卜加大棒。"席尔瓦建议要有支持氛围，祝贺组员取得的进度和成绩。只是不要"无条件支持"

（第 54 页）。不要让一名组员长期达不到目标，或者不为小组做贡献。他建议用刺激性的话语、施加压力、当面质问和电击来激励组员。（好吧，最后一条是玩笑话，他是一名心理学家，所以算是心理学笑话吧。）

- "教师和学生要分成不同的小组。"（第 55 页）研究生和教师有着不同的挑战、优先项、目标和期望。就写作小组而言，师生不能混同。你可以偶尔请老师来鼓舞士气，提供指导，或者分享写作方法，但席尔瓦建议不要让教师成为常驻组员。

- "喝咖啡（可选）。"（第 56 页）（如果你想和组员们分享蛋糕的话，附录 K 是一份美味的巧克力脆片蛋糕的食谱。）

除了线下写作小组以外，你也可以参加吸纳外地同人的线上写作社群。每周发一次电子邮件汇报写作进度和下周目标，还有你需要帮助和支持的任何问题或障碍。你也可以给写作搭档发邮件，你们采用相同的写作时间表。你对他们说："我明天上午7点到10点写作。有人一起吗？"

附录 L 简要列举了前面各章中的所有建议。将这张表放在电脑旁边，当你感到卡壳或没有动力的时候就用它来开启写作。你可以把表打印出来，剪成小条，放到碗里，每天选择一条，帮助你集中精力养成另一个能让你保持写作正轨的好习惯。你还可以把这张表分享到你的小组——既有支持氛围，又有生产力的小组。

写作可能是一项非常孤立隔绝的活动。你要从身边获得尽可能多的支持，同时也要给予他人支持，成为一个有爱的、一起吃蛋糕的写作社群的一分子。

第二十八章
负责任地写作

> 把求真摆到第一位还是第二位,这是天壤之别。
> ——约翰·莫莱(John Morley)

负责任地写作，奉行最高的伦理标准，这必须是文章创作与提交的基石。其中包括杜绝抄袭，恰当地承认并感谢来自他人的想法、研究成果和著作。包括与同事合作，决定合著署名方面要诚实。你的文章必须是自己写的。有太多学者、专业作者、公共知识分子和当选领导人遭到抄袭指控，不管是有意抄袭还是无意。我有一个活页夹，内容是关于研究和学术不端行为的《纽约时报》(*The New York Times*)头版新闻和网络文章，用来分享给我指导的研究生。活页夹的封面上写着："你不会希望册中有你的名字！"最新的一条标题是"作者抗辩抄袭指控"(Salam & Stevens, 2017)。你不会想让你的名字出现在这篇报道的导语中。抄袭他人词句或著作，不论有意或无意，都会对你的职业生涯有影响，甚至会断送你的前程。你要负责以下内容。

说明哪些知识是（你自己的），哪些是他人的。（我们的读者必须）知道自己在读的文字出自谁手。（读者）不可能与回声或幻影进行有益的交流。……在知情的情况下曲解他人著作就是偷窃行为。在不知情的情况下曲解他人著作则是表明，此人没有能力承担本科阶段要求的科研责任。(Cornell University，2012，第17页)

无论有意还是无意，结果都是一样。研究生申请书、奖学金论文、课题申请书抄袭的后果有开除学籍、失去奖学金、禁止申请新的课题，已提交文稿、已发表文章、已出版书籍、出版合同还有可能遭到撤销。

为了避免抄袭，你可以向导师询问，也可以与同学、同事探讨写作和发表中的伦理行为。不同学科的具体规定和最佳实践会有差异，大多数期刊的作者指南和专业/行业协会的伦理守则中都会包含此类内容。罗伊格的《避免抄袭、自我抄袭和其他写作不端：写作伦理指南》(*Avoiding Plagiarism, Self-Plagiarism, and Other Questionable Writing Practices: A Guide to Ethical Writing*)是一份优秀的参考资料，该书可以在线上阅读（Roig，2015）。普渡大学的线上写作实验室（Purdue's Online Writing Lab）也是一份非常好的资料，介绍了避免抄袭的方法，也有提升写作水平的建议。

要明白什么是抄袭，不要抄袭！

第二十九章
研究生奖学金申请书

所有失败的研究生奖学金申请书似乎都犯了同一个错误。

——吉塞勒·米勒-帕克（Gisele Muller-Parker）

研究生奖学金申请书需要有说服力、简明扼要、可读性强，还要几乎没有瑕疵。换句话说，你要写得非常好。奖学金竞争非常激烈，你的申请书至少应该达到申请人前10%的水平。申请人要让评审委员会相信，他们在研究生阶段的学习和研究值得获得经费和其他支持。津贴和学费补助常常能达到25万美元之多，外加海外学习和研究、出差和职业发展方面的机会。

例如，美国国家科学基金会［National Science Foundation（NSF）］2018年有2 000个奖学金名额，收到申请书12 000余份（NSF，日期不详）。赢得研究生奖学金不仅能为你提供攻读学位的经费，还能为你、你的导师和你的学校带来认可与声誉——这不仅是压力，更是动力。下面会给出一些关于研究生奖学金申请书的研究陈述和个人陈述的写作建议。

找到适合的奖学金项目

你所在的领域和细分领域有哪些政府部门或私人基金会提供研究经费？你所在领域的学长都申请过哪些奖学金项目？系里的导师可能已经从政府机构获得了研究经费和合同，且这些机构也开设研究生奖学金项目。问一问本专业的学长，看他们申请过哪些项目。此外，许多研究生院都有提供检索功能的奖学金项目数据库，你可以按照主题关键词来搜索资金来源。加利福尼亚大学洛杉矶分校就有一个，而且不需要登录密码，直接使用就行（grad.ucla.edu/funding/#）。

判断自己的竞争力高低

研究生奖学金主要有三类：第一类是为刚入学的研究生提供支持，针对这类项目，你应该宣传自己取得科研成绩的潜力；第二类是在学生开始做研究时提供支持，因此你的研究陈述必须呈现一个强有力的、令人信服的课题，而且要表明你有能力和热情按时完成；第三类是毕业论文撰写或完成奖学金，在学生写论文的最后一年里提供支持。一旦你确定了资金来源和奖学金类型，你就要去找导师和系里其他熟悉你的研究的老师商量，看他们是否认为你有足够竞争力，是否愿意写一封非常有力的推荐信。不能只要推荐信，要**非常有力**的推荐信。如果他们同意，那你就可以申请了。

阅读申请要求

认真读完要求后，你要列出完成申请的步骤表和日程表，包括各个中间环节（例如，请老师写推荐信、写个人简历、申请成绩单、写必要的文书）的截止日期。日程表中要留出足够的时间，征求多名评审老师的反馈。不达要求或逾期提交的申请不会被考虑。

每个出资方，不管是政府部门还是私人基金会，都会发布申请要求，发布时间一般是在申请截止日期前3到6个月。这份文件会说明申请人资格要求、截止日期、评审标准。有一些项目会列出常见问题和申请建议，有一些会列出之前的奖学金获得者，还有一些会简要介绍获得者的履历。你可以在网上搜索到这些研究生的个人网站，有一些会发布申请建议和申请书样例。

要提早并尽可能多地收集撰写和修改文书所需的资料，提高成功概率。康奈尔大学保存着关于各学科、各项目奖学金申请成功的资料。如果你所在的专业、研究生院或写作中心有送审样稿，你可以用它们来帮你写自己的事项列表或注意事项，争取申请成功。阅读足够多的申请书范例有助于你发现成功文书的共性，也有助于你写出成功的申请书。要努力超越仅仅知道一篇申请书好的层次。要梳理你读过的成功申请书的特征，写成一张表，搞清楚成功的申请书好在哪里，然后用这张表来指导写作，争取第一稿或第二稿就写出有说服力的优秀申请书，而不是改到第四稿或第五稿，以防你没有时间改五遍。

撰写研究陈述或研究计划

不要平铺直叙，要展现你的经验、技能和研究热情。要给出细节，说明你在合作项目中的角色和职责。考虑到大部分奖学金申请书都有字数限制，因此你要言简意赅，字字千金。

撰写个人陈述

大多数学生的研究陈述都写得不错。成功申请书和失败申请书的区别往往是在个人陈述上。科学、技术、工程和数学领域最知名奖学金项目之一的一位评审委员告诉我：

> 我们不需要资助更多整天待在实验室里的研究员。我们想要资助的学生不仅要科研能力卓越，而且要有更大的参与面，能够唤起社会对研究意义的重视。我们想要这样的学生：能给高中生上课，能指导初中的科学展项目，能到小学课堂里做精彩的数学主题活动，能给编辑写信讨论科学政策，也能参与立法机关的宣传活动，论证为科学教育提供经费的重要性。[L. 亨申（L. Henschen），私人交流，2004年4月30日]

有些奖学金项目会将这种参与称作"宏观影响"。要详细审读你要申请的机构的宗旨，说明你的研究、学术、社会活动如何与机构的宗旨和资助重点相契合。

征求反馈意见

向熟悉你的研究主题的教师和同学征求反馈意见。考虑他们的意见，并对你的稿件做相应修改。收集尽可能多的意见，以便你预测评审委员会的问题和批评，并在后续撰写过程中加以回应。要记住你的受众。委员会很可能是由杰出学者组成的，他们可能是你所在领域的专家，也可能不是。因此，在给本专业刊物撰文投稿的时候，你要面向更广泛的受众。

做自己研究的主人

多年来我读了几百份研究生奖学金申请书，发现许多学生面临的一大挑战就是如何自信有力地发声。研究生的文字犹犹豫豫。比方说，教授可能会写："我研究了社交对儿童道德推理的影响。"而研究生可能会写："我的研究目的是发现儿童的社交活动是否会对其道德推理造成影响。"这不仅啰唆，而且听上去不果断，仿佛如果有读者没看完全文就挑刺，作者就要考虑改变一辈子的研究方向似的。教授写的句子更有力，因为开头就是主语和谓语。一拳，两拳，搞定。但要把握平衡，不要趾高气扬或者过分自信。

　　还有另一种方式可以让你做自己研究的主人。评审委员知道一篇研究生奖学金申请书是学生自己写的，还是教师写的，或者是从教师写的研究计划或文章里摘出来的。一位评审委员对我说："我们要资助的是学生，不是学生的导师。"［M. 林德（M. Linder），私人交流，2012年10月12日］因此，不是你的作品就不要提交。如果你的研究计划是合作研究，那就要讲清楚，而且要说明你在先前项目和申请项目中的角色。如果你对自己在合作项目中的贡献含糊其词，可能就会让人觉得，你自称的角色和职责远超真实水平。要具体。如果你的角色确实比较小——如果你是在本科或研究生一年级参加的项目，那很可能就是这样——那就强调你从项目经历中学到了什么，比如如何参与团队合作，如何以最高道德标准开展研究，如何克服研究中的障碍或失败，或者多名参与者要如何确定署名和贡献声明。这些都是严肃的科研和学术工作的关键要素，而你观察和学习了这些要素，尤其还是在这些要素没有被明确讨论的情况下，这会给评审委员留下深刻印象。

尽早动手

美国国家科学基金会研究生奖学金项目的负责人吉塞勒·米勒-帕克表示，学生申请时的最大误区就是"动手不够早"（G. Muller-Parker，私人交流，2008年10月12日）。她的依据是，有许多评审委员表示，他们确实欣赏一份申请书，但笔误和容易纠正的小毛病太多了，或者他们确实想为某些申请人提供经费，但申请书的方法论部分欠缺细节。如果申请人早一点动手，为申请投入更多努力的话，这些缺点是能够纠正的。如果一份研究计划距离"肯定批准"的行列只有一步之遥，就连评审委员会都希望申请人早一点动手的话，那就行行好，早点动笔，早点修改吧。

做好尽早动手的准备了吗？今天怎么样？甚至在决定申请哪一个奖学金项目之前，你就可以通过回答以下8个问题，写出粗略的初稿。之后等你申请几乎任何一个研究生奖学金项目的时候，都可以把初稿拿过来加以修改。

1. 你的研究问题是什么？你计划中的研究有何用意或目的？

2. 哪些相关文献和研究（可以是你自己的，也可以是他人的）充当了你计划中的研究的背景和基础？

3. 你会采用什么方法？

4. 你预计会有何发现？你预计会有什么成果？

5. 你计划中的研究有何重要意义？对学科和社会会做出什么贡献？

6. 你的科研或人生经历是否能够表明，你特别适合完成这一研究项目？

7. 你是否获得过奖项、荣誉或其他奖学金来支持你的研究？你能够用这些奖项取得什么成绩？如果有，你需要在简历中列出所获奖项，用文字说明你从中有何收获，是扩大了合作研究网络，有了一名新导师，提交了一篇约稿论文，还是进行了一场演讲？

8. 你为什么对这项研究有热情？为什么要你做？为什么要给你经费？

回答上述问题，然后按需修改，遵守各个奖学金项目的具体要求。只有一件事会让你注定失败：不申请。所以，去申请吧。

第三十章
撰写课题申请书

我不需要闹钟,灵感会把我唤醒。

——雷·布拉德伯里

如果你在研究生阶段写过奖学金申请书，那么等到做博士后和教师的时候，很多同样的技能也可以用来写课题和合同申请书。事实上，在遴选委员会看来，研究生阶段获得过经费是申请教职的一大有利条件。有一些岗位会要求你通过外部自筹的方式获得高达90%的经费，用于支付你自己的工资、补助研究生或博士后，尤其是在医学领域。一点都没有压力，对吧？

如果你最近在一所有博士点的学校获得了硕士、博士学位，身边都是科研实验室、昂贵仪器、有经费的研究助手和博士后，那你就能合理地推断出，大部分研究经费流入了研究密集型高校。但要注意，有一些小型高校，包括以本科教育为主的高校，它们的教师也能拿到科研经费，尤其是旨在促进和指导本科生参与科研的经费。

出资方会发布研究计划招标，附有详细的要求说明。不管是政府项目还是基金会项目，每个项目都会有一名主管负责人。你可以联系负责人，介绍你的研究计划。要提出好问题，让项目负责人了解你和你的工作。

成功的研究计划往往有几个共同点，来自下面的系统性流程。

发现针对博士后／研究员和新进教师的资助计划。你可以先申请小课题，掌握必要的技能，然后去申请竞争更激烈的大课题。

寻找并利用本校资源。事实上，在你参加教师岗位面试的时候，一个好问题就是，你们学校有什么资源能帮我尽早获得研究经费？（这会让人觉得你聪明，而且有启动研究的迫切意愿。）你所在的学校也许可以出钱找业内资深的外部评审老师，让他来审议你的课题申请书草稿并给予反馈。他们将帮你根据出资方的具体要求来调整预算，尤其是协助确定你所在学校需要承担而出资方可以报销的间接成本。在你撰写重大课题申请书初稿的那个学期，你所在的院系可能会免除你的教学任务和其他职责，来为你腾出时间。资深教师可能会邀请你以联合首席研究员的身份参加课题申请，从而帮助你启动。（这些都是我所在学校的事例。）寻找可用的资源，然后加以利用。为了申请成功，提出你的需求。

与读研的时候一样，**向更有经验的本校同事或外校同行询问可能的经费来源**。你在学术会议上听到的研究，你在期刊论文上读到的研究都是由谁资助的？问一问这些同行，看他们是否愿意分享成功申请书的文本。

确保你的研究与出资机构的使命和关注点契合。你可以通过浏览出资方的网站，或者通过与项目负责人对话，了解出资机构的使命和关注点。

吸引好的评审老师。这是来自美国国立卫生研究院的科埃略的建议（Coelho，2003）。怎么吸引？要满足招标书里提出的所有技术性要求。确保你的想法原创且有意义，给出合理的预算，研究计划要对读者友善。评审老师可能正在读几十份申请书，你的文字一定要清晰具体，让评审老师相信你提议的研究将满足业内的重要需求，而且你有知识和技能开展这项研究。评审老师会很高兴读到一份重大突破性研究的申请报告。

美国国立卫生研究院表示，以下是**申请未通过的主要原因**：思想缺乏原创性、计划缺乏重点、文献掌握不足、未来研究方向不确定、缺乏可接受的科学依据、实验方法论证不足、工作量大得不切实际、实验细节不足、方法缺乏批判性（Coelho，2003）。你和同行评审老师可以用这份列表来评估你的申请草案的优劣。

尽早获得反馈。收集本专业内外的多名同人的意见，与他们交流反馈意见，帮助你明确自己的想法和写作。

大多数院校，无论是有博士学位颁发资格的大型大学还是以本科教育为主的小型学院，都会有专人或者有多名职员的办公室协助你申请课题。我当年做教师时，曾向州立和联邦部门以及私人基金会申请内部和外部经费，系主任和院长都非常支持和鼓励我。系主任审读过我的所有申请书。院长常常说："你把预算给我，我给你做。"找到这些会帮助你申请经费的职员、同事和导师。

第三十一章
撰写研究计划

如果我们知道自己在做什么,那就不叫研究了,对吧?
——阿尔伯特·爱因斯坦(Albert Einstein)

如果你正在攻读研究型硕士或博士，那可能就需要撰写研究计划。人文学科和大部分社会科学的学生肯定都要写一份计划书，说明自己的研究计划。有一些学科将计划书称为"概览"（prospectus）。但对理工科等学位项目来说，研究生要在导师的实验室里做研究助手，他们的毕业论文研究可能就是导师目前研究的分支。学生提出的研究问题或假说往往是导师课题项目的延伸。实验室或团队研究往往是合作式的，由研究生和博士后研究一个大项目下的创新点。实验室规定了研究任务分配、署名顺序和学分。这些可能都是非正式的，没有传统意义上的计划书，也没有委员会审批。这是一个更有机的过程，随着学生的研究推进而发展，并逐渐聚合形成一篇毕业论文。

不管你在什么学科，读什么学位项目，接下来讲的步骤都能帮你将研究兴趣发展成有意义且可行的研究项目。你的导师和学位项目也会有具体要求，因此一定要问清楚并完全遵守。（具体可以参考附录 D 中的第9条。）

一旦你有了研究主题，哪怕还没有确定具体的研究问题、假说或论点，你都要整理阅读书目。书目中要有导师和院系推荐的书和文章，也要有你在课程和先前研究中发现的资料。先按照主题大类来整理文献，之后可以完善细化。例如，你可以先读"儿童社会认知"，然后是"儿童道德发展"，然后是"道德推理"，最后是"儿童道德推理与社交的关系"。随着主题的细化，你的阅读书目会越来越具有针对性，并开始确定自己感兴趣且有一定创新性或原创性的研究问题。你要阅读该领域乃至相关领域的经典文献。例如，我读研期间为了写毕业论文，读了关于性别角色和身份认同的社会学著作，尽管我的研究方向是儿童发展心理学，我也读了关于人类道德和决策的哲学和历史著作。你还需要联系在你所在专业领域发表过著作的学者，找他们新发表或即将发表的文章来读，他们还可能会把正在写的文章或者即将出版的作品分享给你。

读文献的时候要做笔记，你在毕业论文的文献综述部分可能用得上。就算你的毕业论文里不会用上全部笔记，但写读书笔记也有助于理解和记忆，对阐述研究问题和论文主旨会有指导作用。在此说明，我这里讲的"论文"有两个意思，既指代你硕士或博士毕业所需要完成的整体研究项目和文本，又指代你用于探讨研究问题的方法，是你计划提出的主旨。这里举一个后者意义上的例子："儿童道德推理与他们和同伴之间的交往类型有关，包括积极和消极的社交。"接下来，你要着手证明这一论点，或者考察各个变量，确定两者之间的关系。在这个例子中，积极社交和消极社交是你要观察、控制和测量的自变量；道德推理是因变量或结果变量。如果你对这些还完全不了解，那没关系，等你上研究方法论和统计学课的时候，课上就会讲这些内容还有其他许多知识。

硕士课程第二学期结束前，以及博士课程第二或第三年的时候，你就要设计研究方法，并获得导师和研究生院委员会的最终批准，以开展研究。此外，如果你要对儿童或成年人进行访谈或观察，那么可以提交已经写好的研究计划，申请对人类被试开展研究。这个过程叫作机构审查委员会（Institutional Review Board）审核。所有机构都设有相应的委员会，负责事前审批涉及人类被试的研究。每所机构都有自己的审批流程和表格，均按照联邦规范制定。你要向委员会提供以下信息：

- 研究目的，包括研究问题和假说；
- 具体研究方法（观察法、调查法、实验法等）；
- 参与者（被试）招募方式；
- 参与者要完成的任务；
- 给参与者的时间要求和报酬（如果有报酬的话）；
- 你收集的关于参与者，或者通过参与者收集的人口统计信息或个人信息；
- 研究开始前获取参与者知情同意的计划，如果参与者不满18岁，则要获得参与者父母同意；
- 参与者面临的任何风险或可能伤害，以及风险或伤害的减轻或缓解方法；
- 参与者在研究中获得的任何收益；
- 保密和数据安全计划。

如果你做的是动物研究，那么在获取任何动物之前，你的导师或实验室都需要获得所在机构的机构动物护理和使用委员会（Institutional Animal Care and Use Committee）的动物研究审批。

在计划书中，你要描述自己的研究方案和背景文献。计划书分为3节：引言、文献综述、研究方法。你之后要将这3节扩充修订为毕业论文的前3章。研究方法部分要使用将来时，例如："我将找到3组儿童，每组20人，每组分别采用3种实验条件中的一种，我会对每名被试进行访谈。"一旦你的研究计划通过审批，你也做完了研究，将来时就要改成过去时，"我找到了3组儿童，每组20人，对他们进行了访谈。"有些导师鼓励学生用过去时写计划书，仿佛研究已经做完了一样，免得论文终稿再费时费力改时态。

你在计划书中要做下面几件事。描述研究问题或假说。你对这一部分应该不只是感兴趣，你应该对这个主题感到兴奋，甚至激情澎湃。同时，你也应该有能力把握住它。要实事求是地看待你能获取的研究素材或器材，要在合理的时间内完成项目。硕士论文不需要做原创研究，但博士论文应该有原创性。想法可以来自课程作业、课外阅读，以及导师、实验室同门或研究小组开展的研究。你的研究切口一定要足够小，以便你在自己的时间和资源（以及导师的时间和耐心）范围内写完论文。在表述研究问题时，你应当表明它的可操作性。换句话说，它应该是一个你能够通过测量或分析来回答的问题。

你要介绍背景文献，这些文献将你的研究置于相应的实证、历史、哲学或文化语境之中。这一节叫作文献综述。当你开始思考自己的研究问题时，你要着手收集相关文章和书籍。院系和学长能够提供优质资料。你也应该检索相关的网络数据库，比如 GEOBASE（地球与环境科学，www.elsevier.com/solutions/engineering-village/content/geobase）、Historical Abstracts（世界史，www.ebsco.com/products/research-databases/historical-abstracts）和 PsycINFO（心理学，www.apa.org/pubs/databases/psycinfo/index.aspx）。这只是几十家数据库中的几家。（见第七章介绍的引文管理方法，包括直接从网络数据库导入引用信息。）计划书中的文献综述应当足够全面，展示你在研究主题领域掌握的知识面。你可以把这一节扩充后放进毕业论文，哪怕研究过程中得出了你决定要讨论的意外结果。（新文献通常不会被放到研究结果或讨论部分，而是通过修改文献综述的方式被引入。）

在描述研究方法时，你要说明数据收集方法，不管是实验、调查、观察、实地研究还是档案研究。方法描述要足够详细，让其他研究者可以根据你的计划书复现你的研究。在这一节中，你还要说明会采用什么分析方法来检验和报告研究结果，不管是定量分析还是定性分析。

这3节构成了你提交导师和学位评定委员会的研究计划书。利用这些信息来指导计划书（或概览）撰写，并向导师询问本专业或本学位项目对计划书的具体要求。有的学位项目会为学生提供计划书撰写指南或模板。找到所有的好建议和有益资料，然后开动吧。一旦计划书完成并获得批准，你就可以开展研究了。

第三十二章
撰写硕士毕业论文

> 你只能写你有能力写的论文。这条规则看似是废话,却是实话。有许多论文半途而废,就是因为违背了这条规则。
>
> ——安伯托·艾柯(Umberto Eco)

研究生之所以攻读研究型硕士学位（通常是理学硕士或文学硕士），是因为他们想要从事研究工作，或者想要攻读同样是研究型学位的博士学位。其他非研究型硕士学位叫作专业硕士学位，或终端硕士学位，目的是让研究生为科研以外的职业生涯做好准备。尽管这些学位会有一个顶点项目，比如实习或者结业文章，但不要求写毕业论文。研究型硕士多为两年制，偶尔会更久，内容包括授课和研究，最后要展示研究项目并进行答辩（一种口试）。

毕业论文可以是历史研究、理论研究或实验研究。你也可以对某种临床实践或教育应用进行评估性研究。接下来对毕业论文研究的介绍并不完全确切。你要自己去询问导师、主管研究生教学的本专业负责人、课程教师、本专业学长以及研究生项目行政助理（你如果要了解研究生所需的信息和资源，行政助理往往是了解最多、能给你最大帮助的人）。事实上，你在研究生院中学到的最重要的事情之一，就是要提问，以及学会向谁提问。人文学科、生命科学或社会科学的研究和毕业论文要求各有不同，取决于各个学科的标准。你的学位项目，还有你的导师和学位认定委员会都会有具体要求。研究生手册中应当会说明学位项目要求，导师的要求未必有书面形式，所以要运用本书提供的信息来指导你提问，获取学习过程中每一步的所需信息。

硕士论文不需要做原创性研究，可以是复现研究，重复并确证前人的研究。硕士论文一般规模小（肯定比博士论文规模小），而且受限于毕业时间和研究可用资源，时间也比较短。对博士研究生来说，硕士论文可以是先导研究，充当之后规模更大的博士毕业论文研究的基础。

毕业论文可能是你第一次自己做研究，尤其是从头到尾完成的研究。具体包括以下5个步骤。

1. 选择研究问题。
2. 建立概念或理论框架。
3. 设计研究方法。

4. 收集并分析数据，数据可能来自实验、访谈、观察、调查、实地研究、查阅档案或文献研究。

5. 撰写论文，向各方受众展示成果，受众包括导师和学位委员会、本系学术研讨会和讨论会的同学，以及通过学术会议、纸质期刊和网络期刊了解到你的研究的本专业学术共同体。你的研究甚至可能有更广泛的吸引力，你也可以在报纸发表文章和观点，其他作者也可以通过电话或电子邮件采访的形式申请引用或转述你的观点。

在写作阶段，你可能要根据受众的需求准备多份稿件（纸质版、学术报告或受邀发言稿）。在一些领域，你会有机会展示进展中的工作，这种稿件不同于你做完研究之后报告研究结果、为将来研究指出方向的文章。

你在本科阶段做过的研究是一个好的开始，不管你的角色和职责是什么。哪怕只是研究团队或实验室的成员，你也能观察科研协作、符合伦理的研究实践，以及如何应对研究中的延宕或死胡同。当你成为研究生，开展独立研究的时候，这些都是有价值的知识。硕士生的研究独立程度要高于本科生，博士生的独立程度要高于硕士生，博士后的独立程度又要高于博士生。

在准备写毕业论文的时候,你要读其他人,尤其是你导师的学生写的论文。它们提供了格式、篇幅和结构方面的模板和指南。另一个在初步阶段的好做法是制订时间表和每个步骤的截止日期,这能帮助你确定从头到尾都有哪些必要且重要的事项,也能让你更现实地看待写论文需要的时间。如果时间和财力无法支持你完成研究,那你能缩小研究范围吗?你能延期毕业吗?你真的想这样做吗?导师会同意吗?时间表就是计划表,应当包含接下来6至12个月里的每周和每日目标。

你的研究获得必要审批,可以开始之后,你就要收集数据了。根据研究计划里的描述,你可以通过实验、观察、调查、实地研究、文献或档案研究获取数据。凡是偏离计划的地方,你都应当获得导师许可。如果是有人类被试的研究,一些修改可能需要再次经过机构审查委员会的审批通过。

收集数据之后就要开始分析数据,可以是定量或定性分析。你已经确定了分析方法,并在研究计划中做了介绍。大多数机构都设有统计咨询办公室,负责回答或协助解决这个阶段的问题,所以去本校找找这些资源吧。完成数据分析并得到结果之后,你的第一项写作任务就是制作论文中要用的图表。一旦有了研究结果的图形呈现形式,动笔写正文就会更容易。图表起到了提纲的作用,为你的写作提供重点和指导。在这个阶段,你也要定期和导师见面或者汇报,让导师认同你正在关注最重要的研究发现。不要等到你已经写了很多内容,才发现导师对最终成果的期望和你不一样。

人文学科也要分析数据,这里的数据是你从实地、图书馆或档案馆收集到的笔记。你的分析要对提纲进行阐发和重组,你也可能在阅读或实地研究中发现了新的主题。接下来是成文。你刚开始写的时候就要与导师定期沟通。实验室和研究团队里的学生一般每天都会见导师,就连写作的时候也会。人文学科的学生开始写的时候可能会感觉孤立无援,因此,他们应当制订计划,定期向导师征求建议,尤其是在缺乏指导以致进展缓慢或拖延的时候。

对毕业论文,或者任何有相当篇幅的文章来说,最好的建议之一是:"把你脑子里想到的所有东西都写下来,但只在初稿里这么做。论文存在的目的是证明你最初提出的假说,而不是炫耀你的知识面。"(Eco,2015,第151页)你一定要专注于自己的论证。利用提纲来指导写作,这有助于你按计划完成写作。

席默鼓励作者（也适用于人文学科和社会科学写作）专注于讲述自己的研究（Schimel，2011）。引用希思兄弟（Heath and Heath）的著作，他建议按照下述方式来撰写毕业论文。

- 保持简洁。这不意味着要简单化，或者放宽研究和写作的学术性和知识严谨性。要找到复杂思想的核心本质，用清晰、具体、扼要的方式表述出来。席默说："穿透迷乱，于繁杂中见单纯。"（Schimel，2011，第 18 页）

- 出人意料。要聚焦于未知的新问题、新见解、新知识。你的论文要填补的知识空白可能很小，但这一小步可能就会做出重大的贡献。

- 保持具体。斯特伦克和怀特认为，"吸引和保持读者注意力的最可靠方式就是明确、清晰和具体"（Strunk and White，1999，第 21 页）。要发现重要的、较为抽象的概念的基本组成部分，然后用数据、例子和图像来描述。

- 可信。你的工作要建立在前人研究的基础上,并认可前人研究,这样你的工作才值得信任。
- 有感情。感情与写论文有什么关系?有感情表明你有好奇心,也能让读者兴奋起来。要将读者吸引到你寻找研究问题、收集相关数据的探索过程之中。
- 讲故事。论文中应当包含的最后一个要素,就是讲述探索过程的每一步,而且要讲得引人入胜。席默说:"你不只是在展示研究结果,也是在讲故事。"(Schimel,2011,第67页)

在你写毕业论文的每一章时,都要检查是否涵盖了上述要素。毕业论文或许是你迄今为止写的最长的一篇文章或稿件。不要因为漫长的写作时间,或者要面临的挑战而灰心。当你写完论文,打印装订好,捧在手里时,专注于你体验到的满足感。

哪怕你写完硕士论文后不打算写博士论文了,我也鼓励你读一读下一章关于博士论文写作的内容,其中包含了更多组织和完成写作的策略。

第三十三章
撰写博士毕业论文

写作常常会有碰壁的感觉。你干啊干,干啊干。你完全成了一匹拉车的马,几个月,几年那么干。终于,你写完了。第二天,你看着它,心里想:"这是怎么做到的?"

——黛博拉·艾森伯格

如果你准备开展博士毕业论文的研究和写作了，那么恭喜你！你可能已经顺利上完课程。你可能已经通过博一或博二的考试（有时叫作"Q 考试"，也就是博士资格考试）。你的导师和学位委员会已经批准你的计划书（又称概览，常用于人文学科）。你也完成了综合或预备考试，考试时间通常安排在博三或博四末尾。这场考试在田纳西大学叫作"综合考试"（the Comprehensive Exam），在哥伦比亚大学叫作"研究硕士考试"（the Mphil Exam），在康奈尔大学叫作"A 考试"（the A Exam），在西北大学叫作"资格考试"（the Qualifying Exam）。不管考试叫什么名字，你都要确认导师希望你何时通过。不是所有人都能一次通过，但你所在的项目可能会给你第二次机会。考前要做以下几件事。

- 制订备考计划。前瞻思考，倒推计划。
- 确定必读书籍和文章。根据导师和学位委员会的建议来整理书单，有的院系会有针对各个学位项目的书单。
- 创建一个电子文件夹或纸箱，用来整理你的资料。
- 考虑用什么笔记体系来帮助你记住所读内容。要列出提纲，或者把笔记写下来，不要只画线。

有条不紊地准备综合考试，你能够为毕业论文研究和写作争取到起步优势。

顺利完成考试后，你就有了博士学位候选人的资格，下一步就是做研究，撰写毕业论文。这一阶段有时叫作 ABD（all but dissertation，意思是，就差毕业论文了），这个词有时带有贬义，因为有不少博士候选人从来没有越过 ABD，拿到 PhD（博士）。记住，PhD 是学位，ABD 不是。不要卡在这个阶段。你已经为毕业论文研究和写作做了预备工作，这些工作应当让你快速进入这个有趣，也有挑战性的阶段。

哪怕你之前完成过硕士论文，我还是鼓励你读一读前一章讲硕士论文写作的内容。其中提及的一些组织和写作策略对写博士论文也有帮助。硕士论文和博士论文有几个明显区别。出于范围和资源的原因，写博士论文的时间更长。写硕士论文可能是你第一次独立开展研究，相比于写毕业论文的博士生，硕士生写论文通常会受到更多辅导。但是，准备、计划、组织，以及管理时间和项目所需的知识和技能都是类似的。

博士论文与硕士论文的另一个区别是格式。硕博论文可以采用比较传统的章节框架：引言、文献综述、研究方法、研究结果、讨论。但是，导师越来越鼓励学生换一种方式写博士论文，也就是3篇可发表或已发表论文的形式，每篇论文都有独立的导言和结论，将3篇论文整合或串联成一个有机整体。有一些学生在进入就业市场之前可能就有一篇或多篇已发表的论文了。与你的导师讨论这个方案吧。

毕业论文在等着你呢。要如何启动呢？下面的内容涵盖了从构思研究问题到论文答辩之间的关键步骤。请注意，这些步骤会根据你所在的学科而体现出一定的差异和特点。大多数研究生院按照学科大类来设置课程，通常有人文科学、社会科学、生命科学、物理科学（包括工程学）这几大类。大类内部还会有一些划分，有一些会因校而异。因此，尽可能了解你所在的院校、你的学位项目和你的导师的特殊要求和期望是非常重要的。接下来的内容应当有助于你提出恰切的问题。

读博的第一天，我要找普渡大学的学生活动中心，参加新生欢迎会。一名学长提出要带我去。他在路上提的第一个问题是："你的毕业论文是做实证，还是做理论？"妈呀，麻烦大了，我心里想。我不知道这是什么意思。我刚刚在另一所学校完成了硕士论文，但我不知道"实证"这个词。到底什么是理论的毕业论文？对我博士阶段的成功而言，这不是一个好兆头。但我学会了提很多问题，你也会的。3年8个月零21天后，我取得了博士学位，你也会的——我是说取得学位。

许多学生刚开始读博时就想做研究。本科生或硕士生的研究可以聚焦于一个你感兴趣的主题。许多研究生会申请特定的项目和院校，目的明确，就是跟着一位研究契合自身兴趣的教师做研究。通过课程学习、实验室轮转或者与教师、学长交流，学生也可能会确定、调整或更改研究方向。有些研究生刚入学的时候没有明确的研究课题。这没关系，多问问题，与同学进行积极的交流，多读文献，你会迎头赶上的。你可以先定选题，然后选有相关领域经验的导师，也可以先选导师，再在导师指导下探索各个选题，最后确定一个题目。

在这个阶段，同学是很好的资源。进入班级时与其他人聊聊。他们做什么题目？他们发现和阐述研究问题的策略是什么？与比你早入学一年、两年、三年的学长交流。询问他们认为有效的计划和方法。顺利写完论文，取得博士学位的道路有很多条。找到符合你需求的策略，并在你的需求和动机发生变化，尤其是截止日期临近时，采用新策略。

一旦你选定了主题，那就动笔写吧。把你已经知道的内容写下来。列出你需要读的文献，开始读，一边读一边写。辛格尔将这个过程描述为"互动式阅读"（Single, 2010）；如果你读的时候只是画线，而不做笔记，那就干脆别读了。她鼓励学生"要收集笔记，不要收集书"（Single, 2010, 第58页）。通过在阅读过程中记笔记，你能够与文本互动并进行批判性思考。辛格尔的互动式阅读和互动式笔记学术写作体系（Single, 2010），让我想起了自己从刚上大一就开始做的事情。第一，我会在阅读时做提纲和摘要形式的笔记，然后在上课前重温一遍。每次上课和讨论课之后的晚上，我会再次回顾笔记，加上注释和阐发。（我之所以选择做笔记而不是画线，是因为儿时受到的告诫：不要在书上乱写乱画。）第二，我会对我读过的文本做模拟讲课或模拟报告。（一旦你不得不教别人一件事，你就真正理解这件事了。）第三，我会把问题写出来，尝试用我从阅读中学到的知识来回答，就像小测验一样。通过与材料的多样化互动，我能够发现自己从阅读中学到了什么、我的理解还有什么漏洞，也能够更好地回想起教材，最后在考试和论文中写得更连贯、更简洁。

不管你是在实验室、在田野，还是在档案馆里做研究，你都应该在研究过程中持续记录自己的发现。这种研写合一的做法能够推进毕业论文的关键要素。不要将这些要素视为前后相继的独立阶段。如果一个要素的进度慢了下来或陷入停滞，你可以继续推进另一个要素，这样就能保持动力和冲劲。

理科博士论文可能要花一年以上的时间，人文社科博士论文可能要用三年或更久。要制订长远计划和时间表。（记住，前瞻思考，倒推计划。）要设定眼前的短期目标，指导你完成下一个需要完成的重要任务，以继续取得进展。尽早动手，让写作成为每天都要做的事，成为日程的一部分。当你遇到阻碍时，这能帮助你避免放缓脚步或停止前进。

还有一件事要考虑：你的毕业论文搭档或互助组组员都是谁？这点很重要。当你进入研究生院，从迎新到上课，你很可能会与同学产生一种同志和社群意识。学位项目和研究生院会组织活动，帮助你形成归属感和支持感。而一旦你开始做研究，去远方进行实地考察、查阅档案，或者在图书馆和实验室里度过无数个小时，你可能就会感到与同学们疏远了。你可能需要更多的时间做研究，有时是出于你无法控制的原因，进度由此放缓。导师开始鼓励你独立，这会削弱你之前在项目里体验到的社群感（Allen，2015）。写作搭档或互助组能够提供你需要的支持和鼓励。（第二十七章介绍了创立和利用互助组的方法。）附录 M 列出了写硕博论文、期刊文章和书籍时可以用的资源。但要记住，你应该做研究和写作，而不是只读关于写作的书。在康奈尔大学，我们在暑期读书会读过其中的一部分文章和书籍，在聚餐的时候阅读和讨论写作策略。但讨论之后就要动笔了。

第三十四章
撰写期刊文章

Fortitudine vincimus(坚韧以胜)。

——拉丁语格言

研究生有向本专业重要期刊投稿多篇论文的任务。迄今为止，学生经历已经让你在一定程度上做好了撰写和发表期刊文章的准备。在研究生研讨课上，你已经读过本专业的顶级期刊，包括协会会刊和其他刊物（有时被称作二级期刊）。你可能正在关注什么主题、什么类型的文章会发表出来，你可能已经留意投稿的格式和文风要求，你可能已经读过期刊对有意投稿、接受评审并发表文章的学者的指导意见。当你开始在写毕业论文之前写期刊文章的时候，你从读研期间大量阅读中学到的经验会非常有用。事实上，在一些领域，不写5章或6章结构的传统毕业论文的做法已经很常见了。取而代之的是，学生要写3篇期刊文章，写完后分别发表。毕业论文就是将这3篇文章整理在一起，再加上引言和结论。学生将汇编出来的毕业论文呈交学位评定委员会，进行答辩。

博士毕业论文中可以包含合著文章，只要博士候选人做出了显著且明确的贡献。接下来的步骤和策略有助于撰写期刊投稿文章。

确定署名

写期刊文章的一个早期步骤是了解导师、实验室或研究团队的署名政策和实际署名情况，甚至在开始研究之前就要做。如果你的研究经费来自教职工，或者你参与了一项合作研究，你的课题是一个大课题的组成部分，大课题有导师或其他学生参与，那么署名就是一个重要问题。

一个不错的起步方式是问你的导师，看他对署名有什么安排。如果你是在实验室或研究团队里参与协作，那可能是由导师分配任务，然后根据任务来确定署名顺序。第一作者应当在研究设计、数据收集分析解读以及初稿撰写中发挥显著作用。在研究和写作过程中，导师可能会重新分配角色和职责，如果有合著者没能履行职责的话，署名顺序也会相应变动。因此，一定要确保你了解自己应做的工作和贡献，还有完成任务的期限。

针对署名和致谢的相关问题，国际医学期刊编辑委员会给出了非常实用的指导和讨论（International Committee of Medical Journal Editors，2018）。你所在学科的协会也可能给出指导政策和最佳实践。研究生最常问我的科研伦理问题就是署名。可惜，学生几乎总是在开始写文章之后很久才来问，早就过了应该公开讨论和确定署名的时机了。

如果你写的是人文学科或者社会科学领域的期刊文章，那作者可能只有你自己，或者第二作者是你的导师。在不需要实验室、仪器、多名学生和博士后的学位项目中，你更可能是唯一的作者，要独自探索投稿流程和相关政策。

选择期刊

选择期刊是要早做的一个步骤。你要定一个首选，首选可能是顶级期刊，然后是次选。根据你所在的领域，导师可能会决定，或者指导你投某一家期刊。无论是哪一种情况，选择的依据都是你的研究与期刊的相关程度。重要期刊几乎总会有同行评审，编辑会请精通你的研究主题的学者来审阅、评论，并给出建议，比如建议发表（通常附有修改要求)、进行重大修改后重新投稿或拒稿。

确定期刊后,你要阅读作者指南,其中会说明:

- 文章篇幅(我所在领域的顶级期刊规定不超过40页,过长的稿件会被退回,要求作者缩减稿件后重新提交);
- 格式(研究文章、研究报告、综述等);
- 引用格式和期刊要求的其他要素;
- 许可协议和版权转让的细节;
- 投稿信中必须提交的信息,例如,你是否有已发表或在其他期刊接受评审的类似稿件。

作者指南可能还会要求你说明任何经济或其他方面的利益冲突,并要求你阅读期刊(或出版该期刊的专业协会)的伦理守则,以及期刊推荐的任何署名政策。例如,《科学》要求任何合著者都应当对以下至少一方面做出"实质性贡献":

- 研究构思或设计;

- 数据获取、分析或解读；
- 开发研究使用的新软件；
- 撰写或实质性修订稿件。

（*Science*，2018，第1段）

每名合著者都必须在终稿提交前进行审读和批准，包括对合著者写的部分的任何修改。如果"作品的任何部分的真实性或诚信性出现问题"，所有作者都必须配合后续调查和裁决（*Science*，2018，第2页）。关于自然科学领域研究生署名问题的进一步指导，请参阅诺贝尔的文章（Noble，2001）。

制作期刊文章模板

一旦确定了要投稿的期刊，你就要制作一套写作模板。模板应当包括以下内容：标题、摘要、引言、文献、方法、结果、讨论、结论、参考资料和辅助信息（例如图片链接、视频链接或附录）。要说明你的职位或头衔、所属单位、研究经费来源，并声明未署名人士做出的贡献（前提是期刊会公布这一信息）。保留一套空白模板。你之后可能会向同一家期刊继续投稿，这些稿件属于为你提供数据来源的大课题的一部分，空白模板能让你写新文章的时候更快启动。

文章要包括哪几节，这取决于具体期刊和文章类型（实证研究、综述、报告、评论、专题论述等）。但是，制作模板——模板是提纲或"蓄水"（见第十一章）的变体——会提高效率，也有助于防止你拖延动笔，因为你有这套现成的模板，每次写新期刊文章的时候就都有了一个初始文稿。

制作图表

写实证文章的第一步，就是制作所有展示研究结果需要的数据图表和图片。要包括用于解释统计学分析的图形标题和图例。做完了这一步，再与导师和其他合著者讨论研究发现和图表，那么正文中的研究结果部分和讨论部分应该就很好写了，围绕图表撰写即可。

开始写作

根据你和导师做出的署名决定，开始撰写你的文章，或者你负责的部分。作为第一作者,你可能要撰写初稿全文。你可以从自己之前的未发表作品、研究计划书中摘取文字,也可以摘抄做实验、实地研究、文献研究时的预写材料。

哪怕你还在做研究,不管是实验、实地考察还是文献研究,你都可以动笔了。要记住,想是一回事,写是另一回事。一旦开始写了,你就能更快发现需要做更多实验,或者读更多文献的漏洞。写吧,就算你觉得自己还没有做好准备。

撰写各节

除非你有合著者负责文章的某些部分,否则你在写初稿时就要准备提纲,给模板中的每一节"蓄水"。运用二八法则(见第二十二章)。数据分析和图表制作完成后,你要拿出截止日期前的20%时间来写初稿,然后用剩余的80%时间获取导师、合著者和其他人的反馈,修改和完成文章。最后一步是定标题和写摘要。你现在明白,写作过程可能会带你走上意料之外的道路。因此,稿子写完以后,你就要确定最合适的标题和摘要,要最准确地反映你的研究,也要吸引读者。读者常常会首先浏览一遍标题和摘要，再看图表和参考文献，借此决定要不要读你的文章（Pain, 2016）。

撰写作者说明和致谢

在说明中要按照正确顺序给出所有作者的姓名和所属单位。有一些期刊要求你说明是否存在利益冲突，以及每名合著者的贡献。例如，研究是谁构思的，方法是谁开发的，软件和其他资源是谁提供的，数据分析是谁做的，执笔者是谁，修订者是谁，研究由谁指导，经费由谁出……在理科论文中，排在最后的作者通常是首席研究员，他们负责撰写经费申请书，招募研究员和博士后，并指导实验室里的研究生。

你也应该提供通信作者的姓名和地址。文章在网上发表和付印之后，通信作者要负责回答与文章内容相关的质询。

根据反馈改稿

这一步和写作同样关键。反馈是导师、合著者、评审人员的馈赠，能帮助你对文稿做出你可能没有注意到的改进。

与评审人员交流反馈事宜也有助于完善想法和文字。

定稿和检查

再次阅读作者指南，确保你遵守了期刊对内容、格式和投稿细节方面的要求。将终稿发给导师和合著者，要让他们全部同意你的文章适合投稿。

投稿和等待回复

你的文章可能会被接受，并被要求修改细节。你可能会被要求修改后重新投稿，再次接受评审。你也可能被拒稿。如果是最后一种情况，你要找导师和合著者商量，确定能否对文章进行实质性重写，也许要加入新数据或新分析，然后再投给同一家刊物。最可能的情况是，你决定做一定的修改后投给你的第二选择期刊。

回应反馈

如果你的辛勤努力得到了回报，你的稿件被接收了，那你就要尽快完成要求的修改。最终修改版被接收后，编辑就会把文章加入待发表队列。就我所在领域的顶级刊物而言，正常流程是2到3个月网络发表，最多8个月见刊。评审、编辑决定和修改流程可能至少要用这么久时间，具体根据刊物而定。你的期刊可能属于需要迅速发表的领域（如医学相关领域），或者文章会因为知识发展太快而过时的领域（如计算机和信息科学）。如果编辑鼓励你修改后重投，你要在合理时间范围内完成修改。我认识一名学生，在他博士论文答辩前两周，有另一名学者抢先发表了文章。两个人的研究太像了，这个学生不得不又花了一年时间修改博士论文，加入对新发表研究的批判，这样才显得他没有抄袭先发表的作品，也不会让人觉得他不了解那篇论文做出的重大新贡献。所以动手要快，免得被抢先。

一旦你、你的导师和合著者改完了稿子，你就可以写投稿信，逐条回应评审老师的修改建议了。如果你决定不采取某一条建议，或者修改方式与评审建议不同，你都要给出理由。提供这些信息有助于编辑审稿,让你的稿件更快发表。

期刊可能会把编好的稿子发给你,进行最后的实质性编辑和初步校对。许多刊物会跳过这一步。在这种情况下,最后一步就是审阅编辑发过来的校样(即PDF文件)。这一步的时间往往很短(可能只有两天)。你的目标是确保所有内容(尤其是图表)和你预想中完全一致,而且定稿中不要有错误。

准备好写期刊文章了吗?如果你是第一次写,如果你没有合著者的话,不妨读一读费舍尔和齐格蒙德的著作(Fischer and Zigmond, 2004),其中给出了更多关于内容的建议,从标题一直到参考文献都有涉及。

第三十五章
给编辑或代理人写图书提案

> 作家是一种很特殊的职业,你总是要与一张白纸(或者空白的文档)对决,而胜者往往是白纸。
>
> ——尼尔·盖曼

如果你想让自己的文字以书的形式面世，那可能就需要给编辑或代理人写图书提案。我将分享一些入门技巧。但我首先要承认，我的第一本书不是来自给编辑的提案。那是一个周五的下午，我正在系里的办公室加班。这时，有一个人来敲门，我以为是教材代表。我们简单聊了聊我教的班级和我目前选择的教材。她要走的时候问了句："你在写东西吗？"她从办公室离开时，手里拿着我和一名同事写的自用教案，稿子一共有7章。周一，她发邮件问我，她能不能把稿子送审。几个月后，她发邮件问我们能不能再写7章。两年后，我们的教材付梓出版，现在已经出到了第四版。通过实际操作，我们学到了很多关于教材写作和出版的知识。

下一本书的问世是有一次我做学术报告后，一名出版商来找我，建议我把报告内容写成一本好书。我根据编辑对本书的建议写了提案,这对我的帮助远远超过我初期的预想。第二本书就是你正在读的这一本。我写好了,在研究生身上试用了,然后发给编辑。编辑没看提案就同意出版了。我后来写了一本商业书的提案。你要明白,出书有多条路径,其中有一些远远超出计划和预料。

如果你将提案交给某一家出版社,那你的任务要简单些,因为大多数出版社都会在网站上说明图书提案的要求。他们的规定具体,而且在起步阶段也不会太繁杂。事实上,有一些出版社允许你在正式提案前写信询问。这封信可以是一两页长,内容包括简短介绍你的研究或学术成果,对所在领域做出的贡献,以及你的稿件是否契合出版社的宗旨。

一个关键步骤是查看出版社的近期图书目录。他们出版你所在领域的书吗?他们与你的书契合度高吗?如果你有同事与你在考虑的出版社合作过,向他们了解一下合作经历,征求他们的建议。我和同事刚开始动笔的时候没有找其他教科书作者聊过,我们为此感到后悔。我们后来惊讶地得知,原来我们承担了大量写作以外的任务,假如我们提前问的话,这些任务本来都是编辑会做的。

本书出版人约翰·冯·克诺林(John von Knorring)建

议，在图书提案撰写初期，所有想出书的作者都应该问自己这3个问题：

1. 这本书是写给谁看的？（受众）
2. 书是讲什么的？（内容介绍）
3. 你的书有何新颖独特之处？（竞品比较）

（J. von Knorring，私人交流，2018年3月14日）

竞品比较是最重要（可能也是最耗时）的一部分。你要对市面上的其他书籍进行批判性分析。你的书对现有文献有何贡献和提升作用？你的书与市面上已有的书有何不同，或者优势在哪里？如果你相信自己能够向编辑给出有说服力的理由，让他们相信应该考虑出版你的书，那么你就可以着手写提案了。

一旦你确定了要联系哪家出版社，你就要看这家出版社的提案指南，并按要求准备材料。大多数提案都应该讨论以下要素。

- 你的书的讨论范围和内容是什么？强调你能对该主

题做出的新贡献。不要用术语，清晰简明地表达自己的想法。

- 描述你的书的受众。你写的是学术专著，还是大众读物？买家是谁，个体还是图书馆？显然，受众人数越多，范围越广，编辑就越有理由承担图书出版和营销的成本。

- 你的书是否可能用作教材？潜在市场是什么？是面向本科课程、研究生研讨课这种大多数高校都开设的通用课程，还是用于一门非常专业的课？目前这门课用什么教材，你的书有何竞争力？你能想到的课程往往市面上已经有非常流行的教材了，所以你要说明你的提案书籍与之相比如何，如何与之竞争。我刚开始教学的时候，用的是盖伊·勒弗兰科斯（Guy Lefrancois，2000）写的本专业非常流行的儿童心理学导论教材。这本书内容很全面，文笔好且风趣，而且每出一个新版，作者都会加入自己孩子的新照片。我发誓，我决不会尝试写一本与它竞争的教材。努力成为这样的作者，优秀到没有竞争者的作者。

- 你的书名起得好吗？许多作者以为编辑会帮自己起一个吸引人的书名。自己动手吧，为你的书起一个让编辑愿意出版的书名。

- 你的书是否包含插图、照片或其他会影响成本或页数，或需要特殊排版的东西？如果有的话，一定要说明。

- 哪些学术活动能突出你在图书主题方面的资质和专业素养，哪些活动对营销书和你的专业能力有帮助？你经常在哪些会议上发表自己的研究和学术成果？有没有外校邀请你做讲座和报告？你有没有与研究相关的社交媒体账号，粉丝多吗？你有没有网站，或者与出版有关的谈话节目可以宣传你的书？这些信息能展示你的专业度，也能帮助你和编辑借助现有人脉和行业机会，制定营销策略。

- 除非对方要求提供完整书稿，否则只发目录，配上每一章的简短介绍（几句话即可）。出版社之后可能会要求你发一章内容，或者之前发表过的同主题论文或文章。这些证据能展现你的写作能力，而已发表文章则表明其他人对你的主题感兴趣。

- 说明书稿的预计完成时间。要实事求是，不要夸海口。

- 你所在单位有没有资金或服务形式的新教师扶持计划？这种计划是为了帮助新教师出版第一本书，尤其是内容非常专业、不太可能大卖的书，或者有特殊项目或格式、需要额外成本的书。如果有的话，请在提案或投稿信中告知出版社。路易的书中有一节很有帮助，主题是作者是否应该自费出版（Luey，2010）。简单讲，路易认为你在满足以下几个条件时应该自费出版：（a）你有经费；（b）费用合理，普通的书最多5 000美元，但如果是彩印、有插图、图表多、排版复杂的话，金额会更高；（c）合同规定，如果书卖得足够好，产生利润的话，出版社应返还出书费；（d）出书是为了争取终身教职或升职。在上述条件下，你的投资是值得的。

- 提案要附上你的个人简历。

在这个阶段，你可以给多家出版社发投稿信或提案，确定你的作品是否符合出版社的需求。但你一定要在投稿信中说明，你在给多家出版社投稿。出版社会在这个阶段投入时间和金钱用于同行评审，想要知道你是否可能把书交给其他出版社。

在考察提案的过程中，出版社可能会索要样章或全书（如果全部完成了的话）。过了这一步，出版社可能会给你发独家授权协议。在这种情况下，一旦你阅读并同意合同条款，你就应该向其他还在考虑的出版社索回提案或手稿。要认真读合同。如果这是你第一次签出书合同，找一名同事或律师来审阅。

你不需要代理人与出版社接洽沟通。学术和专业书籍的作者就算能拿到预付款，那也是凤毛麟角，所以你用不着代理人替你谈钱。但如果你的主题有可能吸引学术界以外的关注，那就要考虑找代理人了。

如果你想要引起一名代理人的兴趣，让他愿意做书，把书推销给出版社，那你需要做什么呢？代理人的职责就是代表你做事，帮你撰写发给出版社的提案，还要管理所谓的"竞价"流程。你提交代理人的提案应当包括引言、附有内容简介的目录、样章或其他已发表写作样例，还有你的简历，表明你是一名有营销点的作者，也就是说，你有技能、

第三十五章 给编辑或代理人写图书提案

有资质、有经验、有专业素养（Lerner，2010）。

代理人会把你的提案交给多家出版社，争取尽可能多的预付款，也就是出版社为了得到你的出版授权而愿意提前支付的金额。能力很强，或者运气很好的作者会有多家出版社抢版权，当然，有一些能力很强或运气很好的作者只要有一家出版社对其提案感兴趣就会很开心了。

作者在签订出版合同后能拿到大约25%的预付款，交稿后又能拿到25%，出版后获得其余部分。代理人通常会收取预付款的15%（Lerner，2010）。

代理人会指导你走流程，代表你行事，为你做宣传。他可以帮你写发给一家或多家出版社的提案，这个提案会比你发给代理人的提案水平高。然而，作者也必须为自己宣传，与出版社合作推广图书。贝齐·勒纳（Betsy Lerner）出版的回忆录中讲述了她母亲的桥牌俱乐部。俱乐部每周聚会，一直办了50年。她招募了一批大学生，给他们提供比萨和啤酒，让他们上网搜索全国的每一家桥牌俱乐部，并发送电子邮件宣传她的书。（B. Lerner，私人交流，2017年10月19日）

有一些代理人在考虑是否要与新作者合作时，会向作者收取审读费。不要找这种代理人，可以找同事介绍，或者通过 PublishersMarketplace.com 或 LiteraryMarketplace.com 等网站寻找代理人。

勒纳的书（Lerner，2010）是一本出色的参考书，你可以学到更多与编辑和代理人打交道的经验。勒纳做过作者、编辑和代理人，因此她给出的是业内视角。

第三十六章
写作者的思维与行为方式

欢呼与呻吟,挫败与解脱,灵感与不确定,充实与空虚,迈进与踟躅……一切顺利的情况下,只写每天能写出字数的下限。

——菲利普·罗斯

情况很简单，你必须写。你也可以思考，发愁，阅读，烦恼，做笔记，痛苦，整理资料，发愁，买新书桌，发愁，削铅笔，痛苦，洗碗，吃零食，发愁——但这不是写作，你必须写。作者就是要写。

你必须想写，而不是想写完，想发表，想找到工作，想获得赞赏、喜爱或认可，就是想写。告诉你自己："我今天真的想写。我会创造一切机会去写，而不是回避一切写的机会。我今天在写，是因为我想写。"所以，你要做的就是写。你不需要写完，只需要写。这是解脱。不要等到你做好准备，不要等到万事俱备，不要等到你休息好了，不要等到你读完所有相关书籍或文章……你永远做不到的。如果你等着，你就不会写，也不会成为一名作者。作者就是要写。

写作是一件难事。如果你觉得写作是挑战，你并没有

第三十六章 写作者的思维与行为方式

错。就连最优秀的作者也会说写作难，非常难。在一篇讲兰登书屋编辑罗伯特·卢米斯（Robert Loomis）的文章中，史密斯描述了卢米斯对他的作者们的"温柔"建议（Smith, 2007）。他对吉姆·莱勒（Jim Lehrer）说："尤里卡！你做到了，吉姆。这是一本精彩的小说。"接着他停顿了一下，"就差一点了。也就是说，除了从开头到结尾之间的部分以外。"（第9至10段）他对马雅·安杰卢（Maya Angelou）的回答是："写得真好——就差一点了。"（第13段）他对加尔文·特里林（Calvin Trillin）说："差不多了。除了开头结尾，写得都很棒。当然了，中间部分要完全重写。"（第7段）

每天至少坚持写90分钟。实在没有90分钟时间，那就写15分钟。犒劳自己、奖赏自己、监督自己，但要天天动笔。一旦你养成了习惯，你就可以每周只写5或6天了。

努力进入心流，遇到困难时不要停笔。用写作克服障碍。但要提醒自己继续写，坚持写。要记住：心理滞阻不存在，心理滞阻只是不动笔而已。写到你进入心流，然后继续写。

好的文字要花费时间，你必须尽早启动。没有大事就要拿出时间，决不能拖延。

你写得越多，就越会写。写作，甚至编辑速度都会加快。当你开始形成写作者的思维和行为方式时，你在写作时可能就会有编辑思维了。不好意思，写作可能永远不会变容易，但我知道你能行。

附录

附录 A 写作口号

起床

动笔

绽放光芒

锻炼

吃饭

休息

再来一遍

附录 B 写作目标与日志

日期

1. 我今天的写作目标是 _____ 。我今天要写_____个字的新内容。

2. 你今天遇到了什么新障碍或新挑战？

3. 你要如何克服这些障碍？

4. 你学到了什么能提高写作效率的新策略？

5. 确定并列出至少两种你要在接下来的24个小时里开始使用的新策略。届时如果奏效，**就将其养成习惯。**

今天写作结束后，

1. 你今天的目标完成状况如何？你写了多少个字的新内容？

2. 你遇到了哪些新障碍或挑战？

3. 你要如何做，才能避免这些障碍拖慢写作速度，或者让你停止写作？

4. 评价今天的写作过程，包括简述自己的成果，用它来指导你在下一个写作时段中动笔，进入心流。进入心流意味着你有明确的目标、高度专注和掌控感，而且对自身能力可以完成任务的信念超过对无法完成任务的焦虑和质疑（Csikszentmihalyi，2003）。第十四章讨论了心流及其在高效写作中的作用。

附录C 字数统计进度表

日期	主要项目的新增字数	其他项目的新增字数	今日写作目标	目标是否达成?什么策略有效?
星期一				
星期二				
星期三				
星期四				
星期五				
星期六				
星期日				
星期一				
星期二				
星期三				
星期四				
星期五				
星期六				
星期日				

附录D 硕博毕业论文研究计划(或概览)的 20个步骤

你喜欢冒险吗?探索会让你兴奋吗?不走线性流程,而仿佛在探索，阅读，写作，再探索，再阅读，再写作的循环中不断往复，这样的生活你接受吗？

1. 你对什么感兴趣？（为什么感兴趣？）

2. 在你能够获得支持（各种支持——资金、指导等）的时间内，你能够回答或解决什么问题？

3. 这个主题／课题会写成一本书（如果你学人文学科），还是一篇发表论文（如果你学社会科学或自然科学）？

4. 你的课题导师／辅导人／赞助人对这个主题有没有兴趣，支持不支持？对需要实验室、仪器和大量资金的项目来说，这一点至关重要。在人文学科和一部分社会科学领域，这算不上决定性因素，但这又引出另一个问题：如果你的导师对这个课题兴趣不大，或者了解不深，你能在多大程度上独立开展研究？

5. 你有没有找导师谈过计划书的期望和要求，包括学位项目和研究生院的指南和要求？

6. 你有没有读过其他计划书，尤其是同门学长写的计划书？主动请学长喝咖啡，换取关于写成功计划书的建议。你也可以给几名学生发电子邮件问："给我们导师写研究计划和做研究的时候，我应该遵守的最有价值的建议是什么？"

7. 你是否读了大量文献，甚至写过相关主题的课程论文？现在开始动笔吧。哪怕你觉得还没有准备好，开始写吧。动笔会帮助你了解自己还要读什么，发现什么，研究什么。

8. 进入正文之前还有一件事：你的受众是谁？写的时候脑子里要装着受众。你很少是为自己写作，或者只是为导师或学位委员会写作。

9. 如果将初稿理解为一系列问题的话，那会有帮助吗？

    a) 你的议题或研究问题是什么？

    b) 你的作品在现有文献和前人研究的背景下处于什么位置？

    c) 你的工作计划是什么？你要做什么？

    d) 你预计会有什么发现？

    e) 有何重要意义？有何原创性？对你有何长远价值？

    f) 你有没有前导数据和相关的早期研究成果？

    g) 你会去哪些场地？你会查阅哪些资料？你会做什么实验？

    h) 每一章的提纲或要点是什么？

10. 你到写完为止的时间线预计是什么样的？你能够在期限内完成计划项目吗，也就是在经费断掉、导师失去耐心、你对课题感到灰心或厌倦之前？你必须保持身体健康和良好的人际关系，日复一日的研究和写作会对两者都造成伤害。

11. 你能写一份提纲或概要吗，其中要包含引言（研究目的）、文献综述、研究方法（研究设计）、分析和其他必要部分？（第12至18步要等到你和导师商量的过程中发现，到时候再加上。这些步骤是专门针对你的研究课题、学科、院系或导师的。）

12.

13.

14.

15.

16.

17.

18.

19. 你是否对研究和写作感到焦虑？焦虑不是无能的迹象，而只是缺乏经验。没有人会做自己以前做过的研究，因此我们在某种程度上都缺乏经验。焦虑是正常的。一定要了解并运用你能接触的大学资源。康奈尔大学设有研究生写作服务中心（提供审稿和咨询）、研究生院计划书与硕博论文写作训练营（每个月还有回炉营）、研究生院大红谷仓学生中心写作站（上午开放的写作空间，有同侪支持社群），还有英语支持办公室的面向国际生的写作课、工作坊和辅导班。在你的学校里寻找类似的资源，并尽早加以利用。

20. 你了解你的研究在每一步涉及的伦理问题和决策流程吗？如果不了解，也不遵守研究和写作过程中负责任、符合伦理的做法，那会对你的学术和研究生涯造成严重影响。研究要完备、负责任、符合伦理，这对你的成功至关重要。当你没有做到这一点时，所有科学家和学者都会因此受害。

我给出上述问题和建议的参考资料是：Booth，Colomb，and Williams（2003）和 Zinsser（1988，2006）。

附录 E　前瞻思考，倒推计划

日期	任务	完成于[日期]
5月28日	博士毕业	
5月5日	终稿送交研究生院	
4月30日	修改稿送交学位委员会	
4月15日	博士论文答辩	
4月1日	考试记录表送交研究生院	
3月15日	审读稿送交学位委员会	
2月15日	根据导师反馈修改	
2月1日	修改并将全稿送交导师	
1月22日	写结论提纲，写结论	
1月15日	写引言提纲，写引言	
1月10日	写"讨论"章的提纲，写"讨论"章	
1月8日	修改"研究结果"章	
1月2日	写"研究结果"章的提纲，写"研究结果"章	
12月15日	写"研究方法"章的提纲，写"研究方法"章	
12月8日	写文献综述	
12月2日	进一步分析	
12月1日	找导师审阅分析结果	
11月22日	分析实验3并制作表格	

续 表

日期	任务	完成于 [日期]
11月15日	分析实验2并制作表格	
11月1日	分析实验1并制作表格	
10月30日	列出要制作的图表	
10月29日	写文献综述的提纲,并蓄水	
10月28日	写引言的提纲,并蓄水	
10月27日	与导师见面,讨论完成论文的计划	
10月26日	回顾实验笔记	
10月25日	总结实验3	

附录F 我的下一个写作项目的时间表样例

节/章	长度 (页)	速度 (页/天)	时间 (天)	修改和 补充研究 (天)	截止 日期	完成日期
序	8	4	2	2	5月4日	
引言	4	4	1	2	5月7日	
儿童认知与压力事件	16	4	4	4	5月15日	
儿童对压力的心理和情绪反应	12	4	3	3	5月22日	

续 表

节/章	长度(页)	速度(页/天)	时间(天)	修改和补充研究(天)	截止日期	完成日期
帮助儿童应对压力	16	4	4	4	6月1日	
儿童与死亡	16	4	4	4	6月10日	
儿童、生病与住院	12	4	3	3	6月16日	
儿童、父母分居与离婚	16	4	4	4	6月25日	
儿童与暴力	12	4	3	3	7月2日	
儿童与自然灾害	12	4	3	3	7月11日	
儿童与战争	16	4	4	4	7月20日	
儿童与新兄弟姐妹	10	4	2.5	2	7月29日	
儿童与搬家	8	4	2	2	8月2日	
儿童与上学	8	4	2	2	8月6日	
儿童与政治观点	12	4	3	3	8月13日	
家长可以做什么	8	4	2	2	8月18日	
教师可以做什么	8	4	2	3	8月23日	
政府和社会可以做什么	4	4	1	1	8月28日	

续 表

节/章	长度(页)	速度(页/天)	时间(天)	修改和补充研究(天)	截止日期	完成日期
结论	10	4	2.5	3	9月3日	
总计	208		52	54		

注:本表基于 Zerubavel(1999)。

附录G 高效写作的障碍

下表中的各项在多大程度上是你的障碍?请给出1至5的评分,5代表最严重的障碍。你会如何克服这个障碍?

障碍或挑战	评分(1至5)	克服障碍的策略
制作并遵守写作日程表		
设定并达到目标		
设定并遵守截止日期		
撰写和运用提纲		
克服拖延		
克服完美主义倾向		
避免心理滞阻		
保持动力		
与导师沟通		

续表

障碍或挑战	评分（1至5）	克服障碍的策略
征求导师反馈		
写作技能		
修改与编辑技能		
找到写作搭档或互助组		
其他		

附录 H　克服写作障碍

下面是几条与导师沟通的建议。（以下内容改写自 Hjortshoj, K. (2001). *Understanding writing blocks*. New York, NY: Oxford University Press, 已获授权。）

毕业论文的研究问题要聚焦，在可用资源（尤其是时间和预算）基础上具有可行性。问你的导师和学位委员会成员，看他们是否认为从研究范围和资源的角度来看，你的主题和方法论是适当的。要制订计划，确定如何向导师和学位委员会说明论文的改动并征求其同意。要记住，毕业论文不是你一生的事业。如果你觉得研究范围太局限了（是啊，你有那么多创新、前沿、突破性的思想，导师和委员会肯定会被你惊艳到），那你可以之后做进一步研究，也可以运用你为毕业论文收集的一部分数据和学术成果,去撰写毕业论文以外的书籍和文章。

当你对论文进度有顾虑,或者研究和写作面临挑战时,**马上去求助**。你不是无能,只是缺乏经验。你是第一次写毕业论文,对吧?恐惧、焦虑、不知所措都是正常的。提问和求助并不代表软弱。如果你对研究和写作过程的掌握程度还不足以问导师,那就去问同学吧。但不要因为害怕提问,就耽搁研究和写作。你的经费可能会用完。你的导师可能会失去耐心,或者离开大学去做别的工作(或者离世,希望不会这样,但有这种情况)。

制订与导师定期沟通的计划,征求导师同意,尤其是需要导师反馈的部分。你要每周发邮件报告进度吗?要每个月见一次面吗(尤其是在研究和写作阶段)?如果你或导师有一个学期或一年不在学校,你们要如何沟通?电子邮件、电话、视频会议,还是三者都有?

制订与委员会定期沟通的计划,频率可能要低于你和导师沟通。委员会成员在自己的专业领域方面能提供很多帮助(所以他们是委员)。在你与导师意见不一致或者爆发冲突的时候(希望不会发生这种事),委员会成员可以出手干预,提供另一个视角,或者协调矛盾,或者在必要情况下亲自做你的导师

(希望不会这样，但有这种情况)。

想清楚如何让导师保持投入，积极回应你的研究。除了定期报告进度，动笔后发章节草稿以外，你在每个阶段都要以书面的形式向导师报告进展，比如申请研究生奖学金、写会议报告的提案、进入求职市场，等等。要让导师能方便地了解到你在做什么，怎样帮助你。

每次与导师和委员会见面后，都要发一封邮件总结会议内容，确认下一步的行动。这能有效弥补差劲的记忆力或笔记，澄清不清楚的指示，确保你和导师以及委员会就下一步工作达成共识。你可以用附录I的表格记录与导师见面前和见面后的关键信息。它能帮助你与导师和委员会沟通后续步骤，确认会上做出的决定，在观点出现分歧时也可以当作备份。

请导师和委员会提供符合其要求的优秀范例，可以是往届学生写的硕博论文，也可以是本专业的文章或书籍。这些叫作指导文本。它们不是导师写的，尽管我很好奇会不会有导师推荐自己的博士论文作为范例。如果有的话，你可能就要多方了解了。开个玩笑。

把稿子交给导师的时候，**要具体说明自己想要什么样的反馈**（见第二十五章）。提具体问题，或者指引导师去看你认为有问题或者有漏洞的段落。约茨霍伊说,你不应该让导师做文字编辑,也就是检查你的初稿里的拼写、标点和用词(Hjortshoj, 2001)。尽管有一些导师会这样检查学生的终稿,也有导师会建议学生雇别人做这件事。但论文润色可能很贵,而且你分配给编辑的时间有限,未必来得及。你能不能找另一位研究生互换论文,完成这项时间敏感型任务?导师应当评论你的理论和概念框架、方法论、说服性论证和结论,并指导你的研究方向。

这条给研究生的建议的灵感来源是约茨霍伊的"预防性"建议(Hjortshoj, 2001),有所改动。原文的建议是面向导师的,认为导师要帮助学生避免"孤立、无视、误解导师"(第141至142页)。

附录 I 研究计划与硕博论文进度沟通会日程

	会议主题	备注
1	从上次开会到现在,我做了这些事:	
2	从上次开会到现在,导师做了这些事:	

续 表

		会议主题	备注
3		从上次开会到现在的其他进展：	
4		论文进度：引言、文献综述、研究方法、研究结果、讨论、结论、其他：	
5		导师反馈：	
6		需要澄清的问题和议题：	
7		导师提出的问题：	
		下次会议前	
8		我要做什么：	
9		导师要做什么：	

续 表

	会议主题	备注
10	我在按进度走吗，是否有挑战，我要如何应对或解决？	
11	下一个里程碑或可交付成果是什么，期限是多久？	
12	下一次开会是哪天？（发送提醒，附上成果、开会日期。）	
13	你接下来要做的最重要的事情是什么？	

以上内容改写自 Gardiner, M., & Kearns, H. (n.d.). Meeting agenda. 已获授权。网址：https://www.ithinkwell.com.au/resources?product_id=84

附录 J 同学间的评审与批评

下面给出的建议是针对你给同学做审读评议的情况提出的。建议改写自我的同事，康奈尔大学英语支持办公室主任米歇尔·考克斯（Michelle Cox）的一份讲义，已获授权。

这种同学间的评议不同于期刊对投稿的匿名同行评审，后一种是为编辑提供参考，以决定是否发表文章。给同学做评审和批评更具支持性，应当对作者的写作流程有所助益，尤其是在反思内容、调整结构、文字改写方面。同学评审（往往）要线下见面，作者介绍自己的研究内容、研究目的和这篇文章要达成的目标。作为评审者，你要给予反馈、支持和鼓励。轮到对方批评你的作品时，你也想获得同样的待遇。

- 作者首先要说明目前写到哪个阶段了，还有需要同学评审帮助解决的问题或挑战。作者可能会要求你给出当下最有帮助的具体反馈。
- 评审者应当先给出积极反馈，然后再给出批判性或建设性意见。评审者的反馈应当有助于鼓励作者继续写。评审者可以提出问题，要求作者说明意图，也可以给出具体的修改步骤。

- 同学评审期间，文章还没有写完，看上去可能有些乱，这没关系。

- 没写完的文章通常会有许多表层或者文字方面的问题，乱糟糟的。这是写作过程中自然会发生的现象，作者在创造新思想、遣词造句、连接上下文，还要建立关注文章整体问题的篇章架构。事实上，如果你看到一个同学的初稿就很干净，那可能意味着，作者无法压抑内心的批评声音，只是平铺直叙。表层问题是初期稿件的典型现象，所以在同学之间评审的时候，评审者或写作小组不应当盯着这些问题。如果作者快写完了，在稿子上把文字问题圈出来或者画线即可，同学评审不需要订正或者解释。如果作者还在写作初期，那根本不需要指出文字问题。稿子到后期可能会大变样，指出文字错误只会让作者尴尬而已。

- 稿子是作者的。我们自己可能对他人的文字有期许，但我们应当尊重作者的愿景、目标和方向。让作者自己做主。如果你不确定作者的意图，那就开口问。如果作者犹豫不定，那就提出问题，直到作者能够找到前进的道路。

附录K 巧克力脆片蛋糕食谱

下面的食谱来自我小姑子的婆婆,多丽丝·维赛(Doris Vise)。她现居田纳西州纳什维尔。

配料

1包黄油蛋糕预拌粉(15.25盎司,约432克)

4个大鸡蛋,轻轻打散

3/4杯(178毫升)芥花籽油

1杯(237毫升)牛奶

1盒即食香草味布丁(3.4盎司,约96克)

1块半糖巧克力(4盎司,约113克),打成碎片(用料理机或搅拌机;要是用手擦巧克力的话,那你永远做不出来这款蛋糕)

1袋牛奶巧克力片(11.5盎司,约329克)

糖粉,装饰用(可不放)

制作步骤

烤箱预热至350华氏度(约177摄氏度)。如果是风炉,则预热至340华氏度(约171摄氏度)。

将前6种配料和半袋巧克力片拌匀,再将面糊倒入表面抹了黄油的环形蛋糕模具，剩余巧克力片撒在面糊顶部。等到蛋糕烤熟倒出后，底部就会有一层巧克力脆壳。如果你觉得巧克力放太多了，可以减量。(你觉得巧克力太多了，你怎么想的啊？)

烤45至55分钟（风炉为43分钟）。从炉中取出，在模具中放凉20至30分钟。

小心地将蛋糕翻转倒出至盘中。如果你愿意的话，可以在食用前撒上糖粉。(我不愿意。)

附录 L　写作建议与策略

以下策略有助于你克服障碍，成为一名更高效的作者。找一条试试吧。如果有用，就养成习惯。

1. 天天动笔。
2. 制订写作计划。
3. 写作要趁早。
4. 找到精力最充沛的时间，用这段时间来写作。(通常是早晨。)
5. 分时段写作，每段90分钟。
6. 没有90分钟？那就写15分钟。

7. 设定短平快的目标。

8. 动笔前列两张单子。

9. 移走、减少或避开让你分心的东西。

10. 写作遇到困难,坚持写。

11. 写作没有困难,坚持写。

12. 规定写作时间应当用于写新内容。

13. 找一个地方写作,什么地方都行。

14. 让截止日期为你所用。

15. 不要等灵感。

16. 在你感觉准备好之前就动笔。

17. 撰写提纲或章节摘要。

18. 停笔时列出接下来要写的内容。

19. 如果你不知道如何启动,或者从何下手,那就从中间开始写。

20. 不要一边写作,一边编辑。

21. 不要讲心理滞阻。

22. 写到你进入心流,然后接着写。

23. 写出差劲的初稿。

24. 不要暴写。

25. 监督自己。

26. 利用写作互助组。

27. 和其他人一起写。

28. 征求反馈。

29. 前瞻思考,倒推计划。

30. 向导师征求反馈,问题要具体。

31. 诚信写作。

32. 呼吸。冥想。喝水。绽放光芒。锻炼。吃饭。休息。再来一遍。

附录 M　学术写作资料

我提倡研究生不要读太多关于写作的书,而要用时间来写作。在毕业论文写作训练营期间,如果有学生想进一步了解我提到的策略或作者,我就会给他们一份书单。上面的书都是我读过的,对我自己的写作和灵感都有帮助。这份书单中不包括前面的章节中已经引用过的资料,那些资料会放在参考文献中。至于其他优质书单,请阅读凯斯的书(Keyes,2003),他推荐了34本讲写作的书或文章,并附有每一本的收录理由。另一份是格尔马诺的书单(Germano,2016),他推荐了15本书或文章,尽管他告诫道:"没有几本特别重要。"(第243页)写就完了。

硕士论文和博士论文

Bielstein, S. (2006). *Permissions: A survival guide.* Chicago, IL: University of Chicago Press.

Cone, J., & Foster, S. (2006). *Dissertations and theses from start to finish.* Washington, DC: American Psychological Association.
【中文版:《学位论文全程指南》,重庆大学出版社2011年版】

Davis, G., & Parker, C. (1997). *Writing the doctoral dissertation: A systematic approach.* Hauppauge, NY: Barron's Educational Series.

Dunleavy, P. (2003). *Authoring a PhD: How to plan, draft, write and finish a doctoral thesis or dissertation.* New York, NY: Palgrave Macmillan.
【中文版:《博士论文写作技巧》,东北财经大学出版社2009年版】

Foss, S., & Waters, W. (2007). *Destination dissertation: A traveler's guide to a done dissertation.* Lanham, MD: Rowman & Littlefield.

Germano, W. (2013). *From dissertation to book.* Chicago, IL: University of Chicago Press.

Harmon, E., Montagnes, I., McMenemy, S., & Bucci, C. (Eds.). (2003). *The thesis and the book: A guide for first-time academic authors.* Toronto, Ontario, Canada: University of Toronto Press.

Hjortshoj, K. (2019). *From student to scholar: A guide to writing through the dissertation stage.* New York, NY: Routledge.

Kamler, B., & Thomson, P. (2006). *Helping doctoral students write: Pedagogies for supervision.* New York, NY: Routledge.

Krathwohl, D., & Smith, N. (2005). *How to prepare a dissertation proposal: Suggestions for students in education and the social and behavioral sciences*. Syracuse, NY: Syracuse University Press.
【中文版:《怎样做开题报告》,上海教育出版社2015年版】

Lee, S., & Golde, C. (n.d.) *Starting an effective dissertation writing group*. Retrieved from http://unmgrc.unm.edu/writinggroups/documents/starting-an-effective-group.pdf

Lipson, C. (2005). *How to write a BA thesis: A practical guide from your first ideas to your finished paper*. Chicago, IL: University of Chicago Press.

Lovitts, B., & Wert, E. (2009). *Developing quality dissertations in the humanities: A graduate student guide to achieving excellence*. Sterling, VA: Stylus.

Lovitts, B., & Wert, E. (2009). *Developing quality dissertations in the sciences: A graduate student guide to achieving excellence*. Sterling, VA: Stylus.

Lovitts, B., & Wert, E. (2009). *Developing quality dissertations in the social sciences: A graduate student guide to achieving excellence*. Sterling, VA: Stylus.

Luey, B. (Ed.). (2010). *Revising your dissertation: Advice from leading editors* (5th ed.). Cambridge, UK: Cambridge University Press.

Madsen, D. (2009). *Successful dissertations and theses: A guide to graduate student research from proposal to completion*. San Francisco, CA: Jossey-Bass.

Miller, A. (2009). *Finish your dissertation: Once and for all*. Washington, DC: American Psychological Association.

Swales, J., & Feak, C. (2012). *Academic writing for graduate students: Essential tasks and skills* (3rd ed.). Ann Arbor: University of Michigan Press.

期刊发表和书籍出版

Belcher, W. (2009). *Writing your journal article in 12 weeks: A guide to academic publishing success.* Los Angeles, CA: Sage.
【中文版:《学术期刊论文写作必修课》,教育科学出版社2014年版】

Booth, V. (1993). *Communicating in science: Writing a scientific paper and speaking at scientific meetings* (2nd ed.). Cambridge, UK: Cambridge University Press.

Day, R., & Gastel, B. (2016). *How to write and publish a scientific paper* (8th ed.). Westport, CT: Greenwood Press.
【中文版:《科技论文写作与发表教程(第八版)》,电子工业出版社2018年版】

Fischer, B., & Zigmond, M. (2004). *Twenty steps to writing a research article.* Retrieved from http://www.survival.pitt.edu/library/documents/20StepstoWritingAResearchArticle.pdf

Prose, F. (2006). *Reading like a writer: A guide for people who love books and for those who want to write them.* New York, NY: Harper Collins.

Silvia, P. (2015). *Write it up: Practical strategies for writing and publishing journal articles.* Washington, DC: American Psychological Association.

写作策略与建议

Arana, M. (2003). *The writing life: Writers on how they think and work.* Cambridge, MA: Perseus.

Becker, H. (1986). *Writing for social scientists: How to start and finish your thesis, book, or article.* Chicago, IL: University of Chicago Press.
【中文版:《社会科学学术写作规范与技巧》,高等教育出版社2012年版】

Booth, W., Colomb, G., & Williams, J. (2003). *The craft of research* (2nd ed.). Chicago, IL: University of Chicago Press.

【中文版:《研究是一门艺术》,新华出版社2021年版】

Brande, D. (1934). *Becoming a writer*. New York, NY: G. P. Putnam's Sons.
【中文版:《成为作家》,中国人民大学出版社2011年版】

Clark, R. (2006). *Writing tools: 50 essential strategies for every writer*. New York, NY: Little, Brown.
【中文版:《写作工具:写作者案边必备的50个写作技巧》,大象出版社2021年版】

Clark, R. (2013). *How to write short: Word craft for fast times*. New York, NY: Little, Brown.
【中文版:《精简写作》,中国华侨出版社2018年版】

Cook, C. (1985). *Line by line: How to edit your own writing*. Boston, MA: Houghton Mifflin.

Ginne, P. (2017). *What editors do: The art, craft and business of book editing*. Chicago, IL: University of Chicago Press.

Goodson, P. (2013). *Becoming an academic writer*. Thousand Oaks, CA: Sage.

Graff, G., & Birkenstein, C. (2016). *They say, I say: The moves that matter in academic writing* (3rd ed.). New York, NY: Norton.
【中文版:《高效写作的秘密》,天地出版社2019年版】

Handley, A. (2015). *Everybody writes: Your go-to guide to creating ridiculously good content*. Hoboken, NJ: Wiley.

Hayot, E. (2014). *The elements of academic style: Writing for the humanities*. New York, NY. Columbia University Press.

Heard, S. (2016). *The scientist's guide to writing: How to write more easily and effectively throughout your scientific career*. Princeton, NJ: Princeton University Press.

Johnson, W. B., & Mullen, C. (2007). *Write to the top! How to become a prolific writer.* New York, NY: Palgrave Macmillan.

McPhee, J. (2017). *Draft no. 4.* New York, NY: Farrar, Straus and Giroux.
【中文版:《写作这门手艺》,湖南文艺出版社2018年版】

Moxley, J., & Taylor, T. (1997). *Writing and publishing for academic authors.* Lanham, MD: Rowman & Littlefield.

Neal, E. (2013). *Academic writing: Individual and collaborative strategies for success.* Stillwater, OK: New Forums Press.

Provost, G. (1972). *100 ways to improve your writing.* New York, NY: Mentor.

Saller, C. F. (2009). *The subversive copy editor.* Chicago, IL: University of Chicago Press.

Sword, H. (2012). *Stylish academic writing.* Cambridge, MA: Harvard University Press.

Sword, H. (2017). *Air & light & time & space: How successful academics write.* Cambridge, MA: Harvard University Press.
【中文版:《学术写作指南》,人民日报出版社2018年版】

Tulley, C. (2018). *How writing faculty write.* Logan, UT: Utah State University Press.

Zinsser, W. (2006). *On writing well* (7th ed.). New York, NY: Harper Collins.
【中文版:《写作法宝》,中国人民大学出版社2013年版】

Zinsser, W. (2013). *Writing to learn.* New York, NY: Harper Collins.

参考文献

Allen, D. (2003). *Ready for anything: 52 productivity principles for getting things done*. New York, NY: Penguin Books.

Allen, J. (2015). Graduate school-facilitated peer mentoring for degree completion: Dissertation-writing boot camps. In G. Wright (Ed.), *The mentoring continuum: From graduate school through tenure* (pp. 23-48). Syracuse, NY: Graduate School Press of Syracuse University.

Beilock, S. (2011). *Choke: What the secrets of the brain reveal about getting it right when you have to*. New York, NY: The Free Press.

Boice, R. (1990). *Professors as writers: A self help guide to productive writing*. Stillwater, OK: New Forums Press.

Booth, W., Colomb, G., & Williams, J. (2003). *The craft of research*. Chicago, IL: University of Chicago Press.
【中文版:《研究是一门艺术》,新华出版社2021年版】

Brause, R. (2000). *Writing your doctoral dissertation: Invisible rules for success*. New York, NY: RoutledgeFalmer.

Cantor, H. (2017, May 29). The writers process. *New Yorker*. Retrieved from https://www.newyorker.com/magazine/2017/05/29/the-writers-process

Clark, R. P. (2011). *Help!for writers*. New York, NY: Little, Brown.

Coelho, T. (2003). *Submitting a successful NIH funding proposal*. Paper presented at NIH workshop, West Lafayette, IN.

Cornell University. (2012). *The code of academic integrity and acknowledging the* work of others. Retrieved from http://archive.theuniversityfaculty.cornell.edu/pdfs/ AIAckWork Rev050912.pdf

Cox, M. (2018). Noticing language in the writing center: Preparing writing center tutors to support graduate multilingual writers. In S. Lawrence & T. M. Zawacki (Eds.), *Re/writing the center: Approaches to supporting students in the writing center* (pp. 116-137). Boulder, CO: University Press of Colorado.

Csikszentmihalyi, M. (1990). *Flow: The psychology of optimal experience*. New York, NY: HarperCollins.

【中文版:《心流:最优体验心理学》,中信出版社2017年版】

Csikszentmihalyi, M. (2003). *Good business: Leadership, flow, and the making of meaning*. New York, NY: Penguin.

Dillard, A. (1989). *The writing life*. New York, NY: Harper Collins.

Dominus, S. (2013, August 4). Children of the pen. *New York Times Magazine*. Retrieved from http://www.nytimes.com/2013/08/04/magazine/stephen-kings-family-business.html

Eco, U. (2015). *How to write a thesis*. Cambridge, MA: MIT Press.

Emmons, R. S, & McCullough, M. E. (2003). Counting blessings versus burdens: An experimental investigation of gratitude and subjective well-being in daily life. *Journal of Personality and Social Psychology*, 84, 377-389.

Ericsson, A., & Pool, R. (2016). *Peak: Secrets from the new science of expertise*. New York, NY: Houghton Mifflin Harcourt.

【中文版:《刻意练习:如何从新手到大师》,机械工业出版社2021年版】

Fischer, B., & Zigmond, M. (2004). *Components of a research article*. Retrieved from http://www2.gsiL.edu/~bioslp/Sci_Methods_Neuro/ComponentsofaResearchArticle.pdf

Germano, W. (2016). *Getting it published: A guide for scholars and anyone else serious about serious books*. Chicago, IL: University of Chicago Press.

Golde, C. (1996). *Tips for successful writing groups*. Retrieved from http://chris.golde.org/filecabinet/writegroups.html

Groppel, J. (2000). *The corporate athlete: How to achieve maximal performance in business and life*. New York, NY: Wiley.

Harvey, G. (2018, September 30). The neurosis artist. *New York Times Magazine*. Retrieved from https://www.nytimes.com/2018/09/27/magazine/deborah-eisenberg-chronicler-of-american-insanity.html

Helter-skelter, (n.d). *Merriam-Webster*. Retrieved from https://www.merriam-webster.com/dictionary/helter-skelter

Hjortshoj, K. (2001). *Understanding writing blocks*. New York, NY: Oxford University Press.

International Committee of Medical Journal Editors. (2018). *Defining the role of authors and contributors*. Retrieved from http://www.icmje.org/recommendations/browse/roles-and-responsibilities/defining-the-role-of-authors-and-contributors.html

Jensen, J. (2017). *Write no matter what: Advice for academics*. Chicago, IL: University of Chicago Press.

【中文版:《高效写作:突破你的心理障碍》,上海社会科学院出版社2020年版】

Jin, J., & Dabbish, L. (2009). *Self-interruption on the computer: A typology of discretionary task interleaving*. In Proceedings of the 27th Annual International Conference on Human Factors in Computing Systems (pp. 1799-1808). New York, NY: Association of Computing Machinery.

Kearns, H., & Gardiner, M. (2006). *Defeating self-sabotage: Getting your PhD finished*. Flinders, Victoria, Australia: Flinders Press.

Kellogg, R. (1994). *The psychology of writing*. New York, NY: Oxford University Press.

Kendall-Tackett, K. (2007). *How to write for a general audience: A guide for academics who want to share their knowledge with the world and have fun doing it*. Washington DC: American Psychological Association.

Keyes, R. (2003). *The writer's book of hope: Getting from frustration to publication*. New York, NY: Holt.

King, S. (2000). *On writing: A memoir of the craft*. New York, NY: Scribner.

Lamott, A. (1994). *Bird by bird: Some instructions on writing and life*. New York, NY: Anchor Books.

【中文版:《一只鸟接着一只鸟:关于写作与人生的建议》,中信出版集团2023年版】

Lefrancois, G. (2000). *Of children* (9th ed.). Belmont, CA: Wadsworth.

Lerner, B. (2010). *The forest for the trees: An editor's advice to writers*. New York, NY: Riverhead Books.

Luey, B. (2004). The ticking clock. In B. Luey (Ed.), *Revising your dissertation: Advice from leading editors* (pp. 231-239). Berkeley: University of California Press.

Luey, B. (2010). *Handbook for academic authors*. Cambridge, MA: Cambridge University Press.

Markoe, M. (2014, January 18). How I stopped procrastinating. *New York Times*. Retrieved from https://opinionator.blogs.nytimes.com/2014/01/18/how-i-stopped-procrastinating/

McPhee, J. (2013, April 29). Draft no. 4. *New Yorker*. Retrieved from http://www.newyorker.com/magazine/2013/04/29/draft-no-4

National Science Foundation, (n.d.). *Applicants*. Retrieved from http://www.nsfgrfp.org/applicant

Newport, C. (2016). *Deep work: Rules for focused success in a distracted world*. New York, NY: Grand Central Publishing.
【中文版:《深度工作: 如何有效使用每一点脑力》,民主与建设出版社2023年版】

Noble, M. (2001, March 30). *The ethics of authorship: Policies for authorship for articles submitted to scientific journals*. Retrieved from http://www.sciencemag.org/careers/2001/03/ethicsauthorship-policies-authorship-articles-submitted-scientificjournals

Pain, E. (2016, March 21). How to (seriously) read a research article. *Science*. Retrieved from http://www.sciencemag.org.proxy.library.cornell.edu/careers/2016/03/how-seriously-read-scientific-paper.

Roig, M. (2015). *Avoiding plagiarism, self-plagiarism, and other questionable writing practices: A guide to ethical writing*. Retrieved from https://ori.hhs.gov/avoiding-plagiarism-selfplagiarism-and-other-questionable-writing-practices-guideethical-writing

Salam, M., & Stevens, M. (2017, October 7). Author fights plagiarism charges by critic. *New York Times*. [Published online as "Jill Bialosky Says Plagiarism Claims 'Should Not Distract' From Her Poetry Memoir" on October 4, 2017.] Retrieved from https://www.nytimes.com/2017/10/04/books/jill-bialosky-plagiarism.html

Saller, C. F. (2016). *The subversive copy editor* (2nd ed.). Chicago, IL: University of Chicago Press.
【中文版:《叛逆的文字编辑》,南京大学出版社2024年版】

Schimel, J. (2011). *Writing science: How to write papers that get cited and proposals that get funded*. New York, NY: Oxford University Press.

Schwartz, T. (2013, February 9). Relax! You'll be more productive. *New York Times*. Retrieved from http://www.nytimes.com/2013/02/10/opinion/sunday/relax-youll-be-more-productive.html

Science. (2018). *Science: Information for authors*. Retrieved from http://www.sciencemag.org/authors/science-information-authors

Shaw, H. (1993). *Errors in English and ways to correct them*. New York, NY: Collins.

Sides, C. (1991). *How to write and present technical information*. Cambridge, UK: Cambridge University Press.

Silvia, P. (2007). *How to write a lot: A practical guide to productive academic writing*. Washington DC: American Psychological Association.
【中文版:《文思泉涌》,上海教育出版社2015年版】

Silvia, P. (2014). *Write it up: Practical strategies for writing and publishing journal articles*. Washington DC: American Psychological Association.

Single, P. (2010). *Demystifying dissertation writing*. Sterling, VA: Stylus.

Singleton, G. (2008). *Pep talks, warnings and screeds: Indispensable wisdom and cautionary advice for writers*. Cincinnati, OH: F+W Publications.

Smith, D. (2007, January 23). A career in letters, 50 years and counting. *New York Times*. Retrieved from http://www.nytimes.com/2007/01/23/books/23loom.html

Sternberg, D. (1981). *How to complete and survive a doctoral dissertation*. New York, NY: St. Martins Press.

Strunk, W., & White, E. B. (1999). *The elements of style* (4th ed.). London: Pearson.
【中文版:《英语写作手册:风格的要素》,外语教学与研究出版社2016年版】

Twain, M. (1883). *Life on the Mississippi*. New York, NY: Harper and Brothers.
【中文版:《密西西比河上》,百花洲文艺出版社1996年版】

Weil, R. (2018, January 23). In praise of adequacy. *Chronicle of Higher Education*. Retrieved from https://chroniclevitae.com/news/198 5 -in-praise-of-adequacy

Zerubavel, E. (1999). *The clockwork muse: A practical guide to writing theses, dissertations, and books*. Cambridge, MA: Harvard University Press.

Zinsser, W. (1988). *Writing to learn*. New York, NY: Harper Collins.

Zinsser, W. (2006). *On writing well* (7th ed.) New York, NY: Harper Collins.
【中文版:《写作法宝》,中国人民大学出版社2013年版】

致谢

我非常感谢斯代鲁斯出版社（Stylus Publishing）董事长兼发行人约翰·冯·克诺林（John von Knorring）。他的远见卓识、支持指导和持久耐心，为我写作本书平添乐趣。我还要感谢斯代鲁斯的制作编辑麦肯锡·贝克（McKenzie Baker），她在制作过程中为我和本书提供了专业指导，让我学到了很多东西。

我要感谢俄克拉何马大学和普渡大学的硕博导师、我在田纳西大学教过的学生、前同事和现同事、我的写作生产力工作坊的参与者，尤其是过去几年里美国研究生院理事会（Council of Graduate Schools）会前讨论的参与者，他们提出了许多创新思路并给予我热情的鼓励。

我感谢兰登书屋/企鹅出版公司授权我多处引用安妮·拉莫特（Anne Lamott）1994年的著作。我还要感谢霍尔特出版公司（Holt）2003年出版的凯斯（Keyes）著作，本书多处引用该作。

我还要大力感谢与我合作的各位研究生院院长，特别感谢他们对研究生学术写作与职业发展的支持。因为他们，我才有机会开发各种研究生写作资源。感谢C. W."巴德"·明克尔（C. W. "Bud" Minkel）、瑞克·森本（Rick Morimoto）、安德鲁·瓦赫特尔（Andrew Wachtel）、亨利·平卡姆（Henry Pinkham）、卡洛斯·阿隆索（Carlos Alonso），尤其是芭芭拉·克努特（Barbara Knuth）。如果没有你们，就不会有这本书！